L'ÉPREUVE DE

HISTOIRE GÉOGRAPHIE

AU BREVET DES COLLÈGES

P. WAGRET
Inspecteur pédagogique
d'histoire-géographie

A. LECOUVREUR
Professeur certifié
d'histoire-géographie

F. LECOUVREUR
Professeur certifié
d'histoire-géographie

L'ÉPREUVE DE HISTOIRE GÉOGRAPHIE AU BREVET DES COLLÈGES

VUIBERT

ISBN : 2-7117 - **7072-9**

Sommaire

Comment utiliser ce livre

Cet ouvrage ne prétend pas remplacer le manuel de la classe de Troisième dont vous vous serez servi pendant l'année, ni les notes que vous aurez prises au cours de votre professeur. Il reste volontairement très simple et n'a qu'une ambition : vous aider à mettre en ordre les connaissances que vous avez acquises et vous préparer efficacement à l'épreuve d'histoire-géographie du Brevet des collèges.

La disposition «à livre ouvert» a été adoptée à cette intention : page de gauche et page de droite traitent une seule et même question du programme. Page de gauche, *un résumé clair et succinct* condense l'essentiel de ce que l'on ne peut pas ignorer le jour de l'examen. Page de droite, *des documents de nature variée* (textes, cartes et croquis, tableaux, graphiques, ...) illlustrent et complètent ce «précis» nécessairement rapide ; étudiez-les de près, car ils correspondent le plus souvent à ceux qui accompagneront les sujets d'examen, et exercez-vous à répondre aux questions qui les suivent.

A intervalles réguliers, *des tableaux synoptiques récapitulatifs* vous aideront dans vos révisions : rappel des grandes dates en histoire, des principales données statistiques en géographie. Ces tableaux ne sont pas destinés, bien évidemment, à être appris «par cœur» ; ils doivent essentiellement faciliter le repérage des éléments significatifs.

A la fin du volume enfin, avant *le Lexique* qui rassemble et explique les termes signalés par un astérisque, *un certain nombre d'exercices* ont été préparés à l'intention des candidats, en vue de les placer dans les conditions de l'examen. La 1re partie de chacun d'eux correspond au commentaire de document, la 2e partie à la question de cours, la 3e partie aux «repérages» dans le temps et dans l'espace. Les documents des chapitres du livre vous entraîneront à répondre à la 1re partie ; le «précis» des pages de gauche vous permettra de traiter l'essentiel d'une question de cours ; les tableaux de révision, ajoutés aux multiples renseignements répartis dans tout le volume, vous fourniront les réponses à la 3e partie.

Et maintenant, bon courage et plein succès à tous !

Cet ouvrage se réfère aux programmes de la classe de Troisième des Collèges (à l'exclusion des Lycées professionnels et des Collèges agricoles).

EXTRAITS DE L'ARRÊTÉ DU 8 NOVEMBRE 1985

(Journal Officiel du 15 novembre)

Les épreuves permettent d'apprécier l'ensemble des connaissances et méthodes acquises au cours de la scolarité au collège. Les sujets des épreuves portent sur les programmes en vigueur dans les classes de Troisième des Collèges.

Les épreuves pourront comporter des questions au choix.

Une partie des épreuves tiendra compte de la spécificité des programmes en vigueur dans les classes de Troisième préparatoire des Lycées d'enseignement professionnel et de Troisième préparatoire aux Certificats d'aptitude professionnelle agricole par voie scolaire à temps plein, dans le respect des dispositions définies en annexe au présent arrêté.

ANNEXE

Épreuve d'histoire et de géographie

1. *Durée :* deux heures.

2. *Acquisitions à évaluer :*

– vocabulaire de base ;
– compréhension de documents ;
– acquisition des connaissances essentielles sur les périodes et les espaces inscrits au programme de la classe de Troisième ;
– utilisation pertinente et organisation des connaissances ;
– identification de repères significatifs dans l'espace et dans le temps.

3. *Nature de l'épreuve :* écrite.

L'épreuve comporte obligatoirement des questions d'histoire et des questions de géographie.

1re partie : étude guidée par des questions courtes et précises d'un ou de deux documents.

2e partie : une question aux contours bien délimités. Le candidat choisit entre trois sujets.

3e partie : repérage d'événements marquants, de faits de civilisation sur une ligne du temps, ou repérage sur une carte de phénomènes géographiques essentiels.

Si le sujet de la 1re partie porte sur l'histoire, les sujets de la 2e et de la 3e partie porteront sur la géographie et vice versa.

4. *Notation* sur 40, dont 4 points attribués à l'orthographe et à la présentation.

Comment procéder le jour de l'examen

L'épreuve d'histoire-géographie se divise en trois parties bien distinctes, d'importance inégale. Les deux premières parties demandent qu'on leur consacre beaucoup plus de temps que la troisième.

1re partie : commentaire de document

Ce document peut être constitué soit par un texte (ou deux petits textes associés), soit par une carte ou deux, soit encore par un graphique, des schémas, des tableaux statistiques, une pyramide des âges, etc.

Ne vous faites pas une montagne de ce qui vous est demandé : un *questionnaire* accompagne le document. Ce questionnaire est destiné à vérifier si vous possédez quelques connaissances fondamentales, si vous avez bien compris le sens et la portée du document, si vous savez éventuellement expliquer certains termes de vocabulaire...

Aussi est-il recommandé de ne pas se précipiter. Commencez par examiner avec soin le document proposé, relisez-le plusieurs fois, n'oubliez pas en route une de ses parties, «décortiquez-le» en pesant chaque terme ou chaque élément.

Répondez ensuite calmement au questionnaire sur une feuille de brouillon, en réfléchissant bien à chacune des questions posées, en veillant à ne pas déborder hors du sujet, en vous attachant à être clair et précis.

2e partie : question de cours

Cette question de cours est surtout un exercice de culture générale, dans lequel la mémoire joue un rôle non négligeable. C'est alors que vous tirerez profit d'un travail régulier accompli tout au long de l'année : les leçons de novembre vous reviendront en juin...

Ne tardez pas à opérer votre choix parmi les trois sujets qui vous sont soumis ; sans toutefois vous «emballer» et foncer tête baissée... Commencez par réfléchir posément afin de bien comprendre le libellé de chaque sujet : pesez le sens des mots, déterminez avec précision ce qui fait partie du sujet et ce qui en est exclu. Puis procédez par élimination pour retenir définitivement un sujet.

Une fois votre choix effectué, ne revenez plus en arrière. Changer de sujet en cours d'épreuve est une grosse faute ; cela vous interdira pratiquement de confectionner un devoir satisfaisant – ou de le terminer dans les délais.

N'omettez surtout pas de bâtir un plan, en deux ou trois parties, et de prévoir quelques lignes d'introduction et de conclusion : soulignez par exemple l'importance de la question traitée, marquez-en les effets ou les répercussions.

Séparez nettement les différentes parties du devoir. Allez à l'essentiel, le temps vous est compté ; éliminez sans pitié les détails superflus qui n'apportent rien à votre démonstration et qui risquent de «noyer» les idées générales.

3e partie : quelques repérages dans le temps et l'espace

Cette recherche exige peu de temps : il s'agit simplement de retrouver la date de quelques grands événements, de localiser quelques régions ou quelques villes sur une carte muette, etc.

*

Comment utiliser votre temps ?

Deux heures, c'est finalement bien court. Vous devez avoir appris à économiser votre temps, c'est indispensable.

Une erreur trop courante consiste à suivre la tentation de se jeter directement dans l'épreuve, sans réfléchir, et à commencer à rédiger «au propre» immédiatement.

D'un autre côté, il est certes impossible d'envisager de préparer un brouillon complet : le temps matériel ferait défaut pour recopier.

Aussi limitez-vous à ce qui vous paraît important, en numérotant les feuilles de brouillon, et en n'écrivant que d'un seul côté pour éviter tout risque de confusion ou d'oubli.

- *le commentaire de document :* écrivez au brouillon les grandes lignes de vos réponses aux questions, sans les rédiger de façon suivie ; puis, sans recopier sur-le-champ, passez à la deuxième partie de l'épreuve ;

- *la question de cours :* ici aussi, jetez sur le papier de brouillon les grandes idées, bâtissez votre plan, meublez-le. Rédigez au brouillon les quelques lignes d'introduction et de conclusion, en les soignant particulièrement car ce sont elles qui frapperont le lecteur. Sans recopier au propre, attaquez alors la troisième partie ;

- *les repérages* dans le temps et dans l'espace : indiquez au brouillon les réponses (qui, de toute façon, seront très rapides).

Tout ce travail doit vous avoir occupé environ 45 minutes.

Reprenez alors tout votre brouillon. Relisez-le avec soin, corrigez les inexactitudes ou les approximations que vous pourrez relever au cours de cette relecture, complétez éventuellement un paragraphe, rectifiez une déviation hors du sujet.

Puis lancez-vous sans tarder dans la rédaction «au propre», en usant d'un style simple mais correct. Faites des phrases complètes avec sujet, verbe, complément ; bannissez le style télégraphique. Évitez comme la peste le délayage, les phrases creuses : les examinateurs ne seront pas dupes, et vous risquez même de les indisposer.

Soignez l'écriture, la ponctuation, la présentation. Laissez une marge suffisante, n'écrivez pas tout en bas des pages, mettez de l'air entre les alinéas; rien n'est plus indigeste qu'une copie dont l'auteur ne va presque jamais à la ligne...

Gardez impérativement quelques minutes pour vous relire, et pour corriger les fautes d'orthographe. Songez que 4 points sur 40 sont attribués aux qualités de forme, de présentation, d'écriture, d'orthographe : ce n'est pas négligeable.

*

En fin de compte, vous devez vous persuader que l'épreuve d'histoire-géographie n'est pas bien difficile pour le candidat sérieux qui a travaillé avec régularité pendant son année de Troisième. Il lui est demandé de posséder un ensemble raisonnable de connaissances, de savoir les ordonner et de faire preuve d'esprit critique et d'un peu de jugement.

*
* *

Barème national de notation des épreuves

Histoire et Géographie

Première partie : étude de document	18 points
Deuxième partie : question aux contours bien délimités .	14 points
Troisième partie : repérage dans le temps ou dans l'espace	4 points
Orthographe et présentation	4 points
Total.	40 points

(Circulaire du 24 décembre 1985,
Bulletin officiel de l'Éducation nationale, n° 2,
16 janvier 1986, p. 179.)

1. Le monde en 1914

Regardez ce planisphère. La minuscule Europe, «petit cap à l'extrémité de l'Asie», est en réalité à tous points de vue, culturellement, politiquement, économiquement, **le centre du monde.**

A. Depuis les grands voyages de découverte du XVIe siècle, **les Européens se sont établis partout.** Ils ont peuplé le Canada et les États-Unis, l'Argentine et l'Afrique du Sud, l'Australie et la Nouvelle-Zélande. Ils ont répandu leurs langues, leurs religions, leur civilisation sur la planète entière.

B. Les Européens occupent d'immenses territoires qu'ils administrent eux-mêmes ou bien dont ils contrôlent de près les gouvernements. Dans le premier cas, ce sont des colonies proprement dites ; dans le second, des protectorats ou des zones d'influence.

C. Ils exploitent ces empires coloniaux à leur propre avantage : ils en tirent des matières premières nécessaires à leurs industries et ils leur vendent des produits fabriqués. Même des pays politiquement indépendants subissent la domination économique et financière de l'Europe : ainsi la Chine, la Perse, la Turquie, les États sud-américains.

D. Deux puissances commencent à rivaliser avec l'Europe (c'est le choc des impérialismes*) :

- *les États-Unis,* devenus vers 1900 les premiers producteurs agricoles et industriels du monde, concurrencent les Européens en Amérique latine ;
- *le Japon,* qui a vaincu la Russie en 1905, s'équipe d'une industrie et de forces militaires puissantes ; il considère l'Asie comme son domaine d'expansion.

Principaux empires coloniaux
(comparez-les ; situez-les sur la carte)

Empires coloniaux	Superficie (millions km^2)	Population (millions)
Grande-Bretagne	29,8	400
France	11	48
Allemagne	2,9	16
Belgique	2,4	15
Portugal	2,1	9,3
Hollande	2	38
Italie	0,5	1,3
Espagne	0,2	0,2
Russie	17	19
États-Unis	1,6	8

Les mots qui sont suivis d'un astérisque figurent dans le lexique.

Le monde en 1914

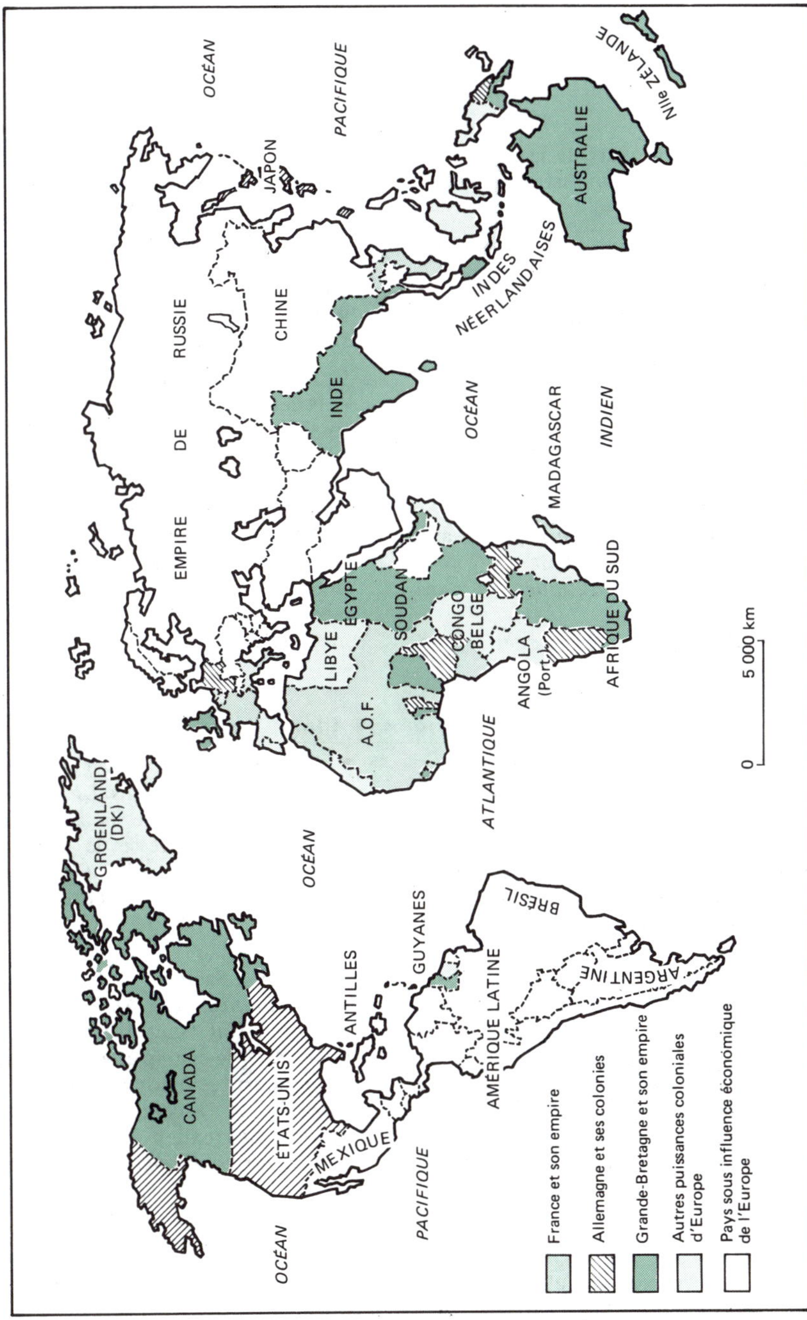

2. La guerre de 1914-1918 : les origines

Dotée du quart de la population du globe (450 millions d'âmes), riche des trois-quarts de l'industrie mondiale, l'Europe apparaît puissante mais divisée.

I. L'Europe divisée

A. Deux blocs diplomatiques et militaires s'affrontent :

- *la Triple Alliance* lie les deux Empires centraux (Allemagne et Autriche-Hongrie) et le royaume d'Italie ;
- *la Triple Entente* paraît l'encercler, avec la France, le Royaume-Uni et l'Empire russe.

B. Ces blocs sont aux prises avec des problèmes intérieurs :

- *instabilité politique* (France, Italie) ;
- *difficultés économiques et sociales* (Allemagne, Angleterre) ;
- *agitation des minorités* (Autriche-Hongrie, Russie).

C. De là la recherche de dérivatifs extérieurs qui excitent le nationalisme* : l'Allemagne réclame davantage de colonies, la France regrette l'Alsace-Lorraine perdue en 1871, l'Autriche cherche à dominer les Balkans où la Russie poursuit le rêve ancien de conquérir Constantinople. Peu à peu on en vient à regarder un conflit général comme inévitable.

II. La crise de juillet 1914

A. Le mécanisme des alliances :

- *28 juin 1914 :* un nationaliste serbe assassine à *Sarajevo* l'archiduc héritier d'Autriche-Hongrie, François-Ferdinand. L'Autriche y voit l'occasion de «mater la Serbie» qui gêne son expansion vers Salonique ;
- la Serbie, appuyée par la Russie, rejette l'ultimatum des Autrichiens, qui lui déclarent la guerre le 28 juillet. Du coup, la Russie mobilise ;
- *dès lors, tout s'enclenche :* chaque État-Major a peur d'être devancé par ses adversaires ; «quand les militaires prennent la parole, les diplomates partent en vacances», déclare l'empereur allemand Guillaume II ;
- *l'Allemagne déclare la guerre à la Russie* (1er août), *puis à la France* (3 août). Elle viole la neutralité belge, ce qui dresse la Grande-Bretagne contre elle (4 août). Seule l'Italie reste neutre (elle rejoindra le camp franco-anglais en 1915).

B. L'Union Sacrée :

- *en France, en Allemagne, au Royaume-Uni* (sauf l'Irlande), elle s'opère sur-le-champ ; les socialistes antimilitaristes renoncent à la grève générale et acceptent la guerre patriotique (texte p. 15) ;
- *en Autriche-Hongrie et en Russie* en revanche, la notion de guerre nationale est inconnue ; c'est la résignation qui l'emporte.

Tout le monde s'attendait à une guerre courte ; elle durera 52 mois et mobilisera toutes les ressources des belligérants.

L'Europe en 1914

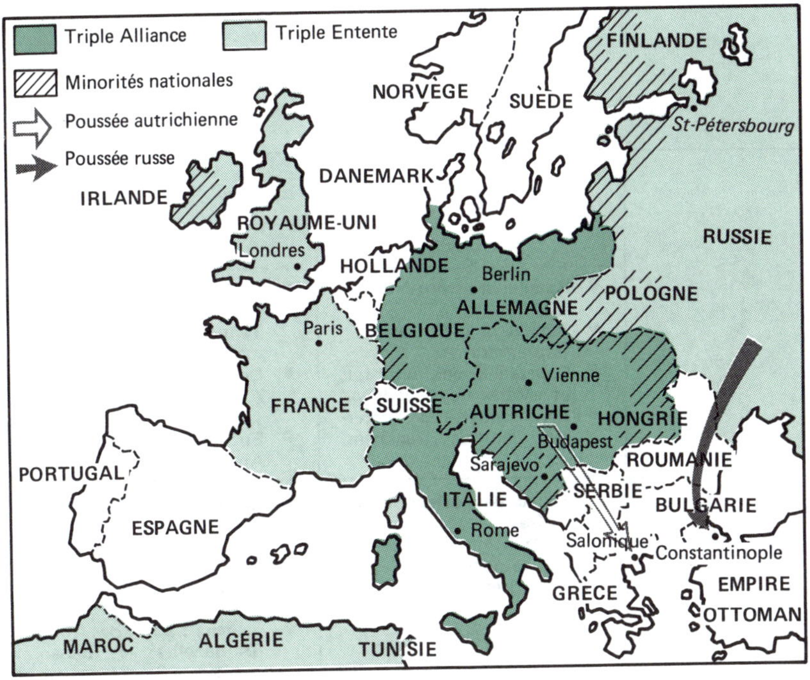

Population des grandes puissances en 1914 (en millions) :

Allemagne : 65 ; Autriche-Hongrie : 51 ; Russie : 160 ; France : 39 ; Royaume-Uni : 45.

1. Quels sont les pays de la Triple Alliance ? De la Triple Entente ?
2. Pourquoi les Balkans représentent-ils une zone d'affrontement ?
3. Quels sont les pays où existent des minorités nationales ? Citez quelques-unes de ces minorités en vous aidant des documents p. 19.

L'évolution des socialistes

«Nous, travailleurs, n'avons pas de patrie, et nous n'avons qu'une chose à défendre, notre peau et notre vie... Nous ne voulons pas la guerre. Si on nous y envoie, nous répondrons par l'insurrection» (un socialiste de Dijon en 1912).

«Cette guerre, nous ne l'avons pas voulue. Acculés à la lutte, nous nous levons pour repousser l'envahisseur, pour sauvegarder le patrimoine de civilisation que nous a légué l'histoire... Nous répondons présent à l'ordre de mobilisation» (le syndicaliste Jouhaux le 4 août 1914, aux obsèques du chef socialiste Jaurès, assassiné par un nationaliste fanatique).

3. La guerre de 1914-1918 :

	OPÉRATIONS	
	A L'OUEST	A L'EST ET AU SUD
1914 *La guerre de mouvement*	• **Bataille des frontières** (août). • **Bataille de la Marne** (septembre). • **Course à la mer** (octobre), et «Mêlée des Flandres». • Les combattants s'enterrent dans des tranchées.	• **En Prusse orientale :** arrêt des Russes (août), à **Tannenberg,** par les Allemands. • **En Pologne** : arrêt des Austro-Allemands (automne). • **En Serbie** : arrêt des Autrichiens (décembre).
1915 *La guerre de positions*	• **Echec des offensives de Joffre :** – Artois (mai-juin) – Champagne (septembre).	• **En Pologne** : important recul russe (février-septembre). • **En Serbie :** retraite serbe vers l'Adriatique (novembre). • **Balkans :** échec des Alliés **(Dardanelles)** et débarquement à Salonique.
1916 *Usure et lassitude*	• **Echec de l'offensive allemande :** – **Verdun** (février-juin). • **Offensive alliée qui piétine :** – **la Somme** (juillet-octobre). • Joffre remplacé par Nivelle.	• **Succès russe de l'offensive Broussilov** contre les Autrichiens (juin). • **Stabilité du front italien.** • **Effondrement roumain** (décembre).
1917 *Le tournant du conflit*	• **Echec de l'offensive Nivelle** (avril). • **Crise de l'armée française,** reprise en main par Pétain. • Arrivée progressive des troupes américaines.	• **Défaite italienne à Caporetto** (octobre). • **Défection russe** : armistice de Brest-Litovsk (décembre).
1918 *Le dénouement*	• **Échec des quatre offensives allemandes (Ludendoff) :** (mars-juillet). • **Succès de la contre-offensive de Foch** (juillet-octobre) • **Armistice allemand :** Rethondes (11 novembre).	• **Offensive alliée à Salonique et armistice bulgare** (29 septembre). • **Armistice turc** (30 octobre). • **Défaite autrichienne de Vittorio-Veneto** (24 octobre) et armistice de Padoue (3 novembre).

les grandes phases

MILITAIRES HORS D'EUROPE ET SUR MER	FAITS POLITIQUES	
• **Perte des colonies allemandes** d'Afrique et d'Océanie (1914-1916). • **Défaite navale allemande** aux îles Falkland (décembre).	• **Sarajevo** (28 juin). • Neutralité italienne. • Le Japon avec l'Entente (août). • La Turquie rejoint les Empires centraux (novembre).	**1914** *Équilibre*
• **Torpillage du Lusitania** (mai) et **blocus naval** des Empires centraux par les Alliés.	• **L'Italie avec l'Entente** (mai). • La Bulgarie avec les Empires centraux (octobre). • Conférence pacifiste de Zimmerwald.	**1915** *Succès des Empires centraux*
• Indécise bataille navale du **Jutland** (31 mai). • Lawrence d'Arabie soulève les chefs arabes contre l'Empire ottoman.	• Le Portugal et la Roumanie avec l'Entente. • Lloyd George Premier ministre en Grande-Bretagne. • Conférence pacifiste de Kienthal.	**1916** *Succès des Alliés*
• L'Allemagne décrète la **guerre sous-marine à outrance** (1er février). • Prise de Bagdad et de Jérusalem par les Anglais.	• Chute du tsarisme (mars). • **Entrée en guerre des États-Unis** (2 avril). • **Révolution russe** (novembre). • Démarches de paix sans résultat. ◁• **Clemenceau au pouvoir** en France.	**1917** *Succès des Empires centraux*
	• **14 points Wilson** (janvier). • **Paix séparées** de la Russie (mars) et de la Roumanie (mai). • Révolution en Allemagne et Autriche-Hongrie : chute des monarchies (novembre).	**1918** *Victoire finale des Alliés*

4. La guerre de 1914-1918 : le bilan

Ce fut vraiment la première «Grande Guerre» de l'histoire, par la durée, l'extension, les techniques mises en œuvre, le rôle de l'économie.

I. Bilan politique et territorial

- chute des monarchies en Allemagne, Autriche, Russie ;
- bouleversement de la carte de l'Europe «balkanisée», en vertu du droit des peuples à disposer d'eux-mêmes (carte p. 19) ;
- *déclin de l'Europe* ruinée par cette «guerre civile», et montée de la puissance américaine (rôle du président Wilson à la Conférence de la Paix). A un degré moindre, on note l'essor du Japon.

II. Bilan démographique

- *des pertes énormes en vies humaines* : 1 400 000 Français, 1 800 000 Allemands et autant de Russes, 1 million de Britanniques, Canadiens, etc., mais seulement 115 000 Américains ;
- ces pertes affectent des *hommes jeunes*, en pleine activité.

III. Bilan économique

- *production et échanges totalement désorganisés* ; des régions entières dévastées (Nord de la France, Pologne, Serbie) ;
- fardeau des *emprunts de guerre* : la France voit sa dette intérieure monter de 33 à 200 milliards de F, et elle doit plus de 30 milliards de F aux Anglais et Américains ;
- fléau de l'*inflation** qui multiplie les prix par cinq en France de 1914 à 1919 ;
- mainmise croissante de l'État sur l'économie (c'est le *dirigisme*) ;
- au contraire, les États-Unis sortent du conflit en pleine prospérité *(analysez pour quelles raisons ?)*.

IV. Bilan social et moral

- en face de quelques *nouveaux riches*, les ouvriers, fonctionnaires, et surtout les rentiers ont vu leur situation se dégrader *(pourquoi ?)* ;
- *les femmes* remplacent les hommes dans de nombreux emplois ;
- *la propagande* supplante l'information contrôlée ;
- *des idéologies nouvelles* apparaissent : communisme en Russie et fascisme en Italie ;
- une idée généreuse : la *Société des Nations*, destinée à empêcher le retour des guerres, mais qui se révèlera inefficace.

Les traités de paix	*Versailles* (juin 1919) : avec l'Allemagne. *Saint-Germain* (septembre 1919) : avec l'Autriche. *Neuilly* (novembre 1919) : avec la Bulgarie. *Trianon* (juin 1920) : avec la Hongrie. *Sèvres* (août 1920), puis *Lausanne* (1923) : avec la Turquie.

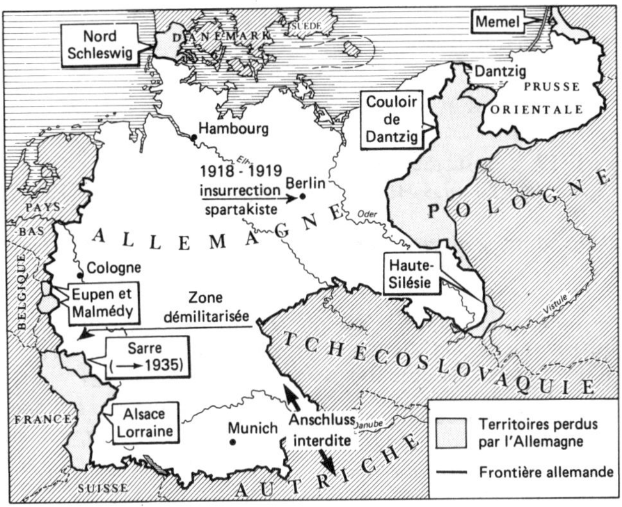

N.B. – *Spartakiste :* voir chap. 10.

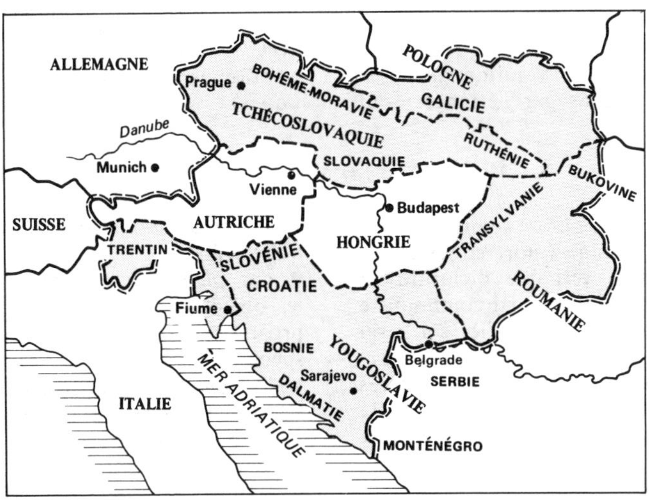

Territoires perdus par l'Autriche-Hongrie en 1919-1920.

Frontières de l'ancien Empire austro-hongrois.

5. Naissance et consolidation de l'U. R. S. S.

La guerre, les défaites, la faim aggravent la crise politique, économique et sociale dont souffrait la Russie dès avant 1914.

I. Lénine et la Révolution russe (1917-1924)

A. Février 1917 : insurrection à Petrograd ; le tsar Nicolas II est renversé :
- installation d'un *gouvernement provisoire* libéral bourgeois (Lvov, puis Kerensky) ;
- *agitation des bolcheviks** avec Lénine, qui forment des soviets (conseils d'ouvriers et de soldats).

B Octobre, 2e révolution : les bolcheviks* s'emparent du pouvoir par la force, instaurent la *dictature du prolétariat* et appliquent les idées de Lénine : la terre aux paysans, l'usine aux ouvriers, la paix immédiate, la liberté aux peuples non russes.

C. La guerre civile et le communisme de guerre (1918-1921) :
- les contre-révolutionnaires ou «blancs» aidés par l'étranger sont finalement vaincus par *l'Armée rouge* qu'anime Trotsky ;
- *climat d'anarchie* : terreur, ruines, famine (5 millions de morts en 1921).

D. Une Nouvelle Politique Économique (NEP) pour sortir du chaos est décrétée en 1921 :
- *retour partiel et provisoire au capitalisme*, avec appel aux investissements et aux techniciens étrangers ;
- *l'économie se redresse*, ce qui profite aux *nepmen* (nouveaux riches) et aux *koulaks* (paysans aisés).

E. En 1922 la Russie devient un État fédéral : l'U.R.S.S. (Union des Républiques Socialistes Soviétiques).

II. L'ère de Staline (à partir de 1924)

A. Staline s'impose comme successeur de Lénine (mort en 1924) et établit une véritable dictature en s'appuyant sur le parti communiste qu'il dirige. Il fait exiler son rival Trotsky et élimine les vieux bolcheviks au cours de grands procès (Moscou 1936-38). Le culte de la personnalité grandit : Staline est vénéré comme un dieu.

B. Il conduit la «seconde révolution bolchevik» :
- *des plans quinquennaux* fixent les objectifs de la production : les progrès de l'industrialisation sont spectaculaires ;
- *les campagnes sont collectivisées* (kolkhozes*, sovkhozes*) ; la résistance des koulaks est brisée par la terreur.

Après deux décennies troublées, l'U.R.S.S. de Staline apparaît en 1939 comme une grande puissance.

Trois grandes figures de la Révolution russe

Lénine (1870-1924). Théoricien de la révolution, fondateur du parti bolchevik, il prend la tête de la révolution d'Octobre et dirige le pays jusqu'à sa mort.

Staline (1879-1953), l'«homme d'acier». Né en Géorgie (Caucase), il joue un rôle important pendant la guerre civile et devient secrétaire général du parti communiste en 1922. Il impose peu à peu sa dictature sur l'U.R.S.S.

Trotsky (1879-1940). D'origine juive, il seconde Lénine en 1917 et dirige l'Armée rouge pendant la guerre civile. Exilé par Staline en 1929, assassiné au Mexique par un agent stalinien.

Lénine

Staline

Trotsky

Repères chronologiques

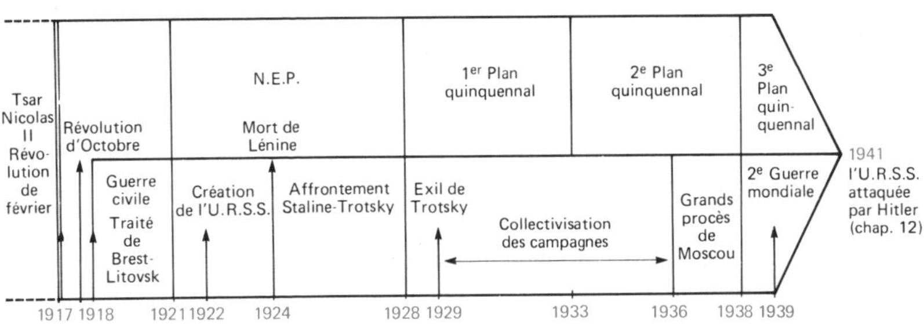

6. La reconstruction de l'Europe après 1918 et la crise de 1929

Les États-Unis, devenus après la guerre la première puissance mondiale, et l'Europe retrouvent une prospérité de courte durée, interrompue en 1929 par une crise économique sans précédent.

I. L'Europe se relève de ses ruines

A. Des années difficiles dans l'immédiat après-guerre : les vainqueurs comptent sur les réparations : «l'Allemagne paiera» ; or l'Allemagne connaît une inflation* galopante qui culmine en 1923.

B. Reprise économique de 1924 à 1929 grâce :

- *à la stabilisation monétaire* (en Allemagne avec le Dr. Schacht, en France avec Poincaré) ;
- aux investissements américains (surtout en Allemagne).

C. Une paix consolidée (accord de Locarno en octobre 1925). Mais l'économie européenne reste fragile.

II. La crise de 1929 : crise américaine, crise mondiale

A. Le contexte : aux États-Unis règne une trompeuse prospérité tandis qu'apparaissent les premiers signes de la crise : surproduction, spéculation, abus du crédit.

B. Le déclenchement : le 24 octobre 1929 («Jeudi Noir»), effondrement des valeurs à la Bourse de New York (Wall Street) ; c'est le «krach» ;

- *la crise financière entraîne une crise économique* qui gagne peu à peu tous les pays capitalistes (les États-Unis, «banquiers du monde», rapatrient leurs capitaux ;
- elle provoque chômage et misère et favorise en politique la montée des extrêmes (nazisme en Allemagne).

C. Les remèdes utilisés :

- contre la concurrence étrangère, les États renforcent *le protectionnisme** ;
- *l'État intervient davantage dans l'économie (New Deal* aux États-Unis : chap. 7), selon les idées de Keynes ;
- *relance de la consommation* pour stimuler la production ;
- *politique de grands travaux pour* résorber le chômage.

Mais c'est la course aux armements surtout qui met fin à la crise : une nouvelle guerre se prépare.

L'Europe après la guerre : les effets de l'inflation en Allemagne

«Aucun commerçant ne pouvait plus afficher ses prix : il fallait les changer d'heure en heure.

Les ouvriers, et les employés à traitement mensuel, demandaient à être payés par jour : encore que les marks qui leur étaient remis le matin, souvent par sacs entiers, perdaient avant midi la plus grande part de leur pouvoir d'achat.»

M. Hermant, *Paradoxes économiques de l'Allemagne moderne*

Quelques définitions

Locarno (accord de) : signé par l'Angleterre, la France, l'Allemagne, l'Italie et la Belgique. Il garantit le *statu quo* territorial et l'inviolabilité des frontières occidentales de l'Allemagne.

Réparations : dans les traités de paix de 1919, sommes que l'Allemagne et ses alliés doivent verser aux pays vainqueurs pour payer les destructions provoquées par la guerre.

Keynes (1883-1946) : économiste anglais qui propose une intervention plus grande de l'État dans la vie économique, tout en respectant la propriété privée des biens de production.

Cours des valeurs à Wall Street (Bourse de New York)

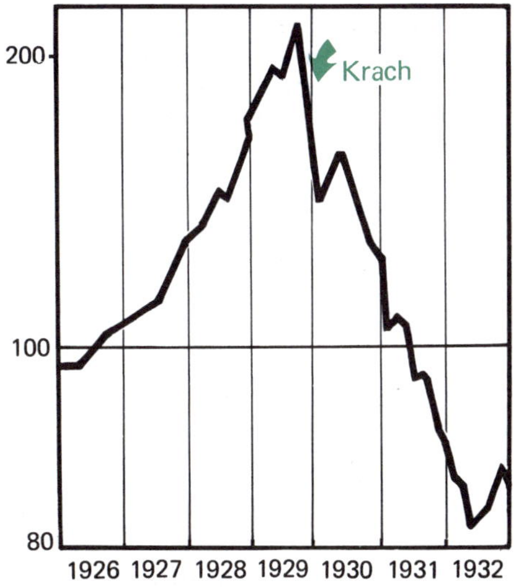

1. Expliquez l'évolution du cours des valeurs.
2. Quand s'effondrent-elles ?
3. Précisez l'ampleur et la durée de la crise.
4. Comment l'inflation se manifeste-t-elle dans ce texte ?
5. Quelles couches sociales sont victimes de l'inflation ?
6. Comment se manifeste la crise à travers ces deux textes ? Distinguez les aspects économiques, sociaux et moraux.

La crise de 1929 aux États-Unis

«Les ruines sont partout encore visibles et elles sont terrifiantes. Dans le port de New York, l'étranger demeure surpris, choqué par le calme tragique d'un lieu qu'il a connu le plus actif du monde...»

A. Maurois, *Chantiers Américains*

«Je me suis mis en route. J'avais dépensé mes derniers sous et traînant sur mon dos tout ce que je possédais, je m'étais mis à mendier... Le pays grouillait de clochards, personne ne les prenait dans sa voiture, ni ne les aidait en aucune façon.»

J. Cain, *Coups de tête*

7. Les États-Unis de 1919 à 1939

Après une expansion remarquable, les États-Unis, frappés par la crise, s'engagent avec Roosevelt dans une voie nouvelle.

I. L'Amérique de la «Prosperity» (1919-1929)

A. **Au lendemain de la guerre** les républicains mènent une politique isolationniste* (limitation de l'immigration, refus d'adhérer à la S.D.N., protectionnisme*).

B. **Une société intolérante, raciste et puritaine** («peur rouge», Ku Klux Klan, prohibition de l'alcool).

C. **Mais un essor économique remarquable** favorisé par des méthodes nouvelles (taylorisme, travail à la chaîne) et basé sur la libre entreprise et la concurrence ; début de la production de masse et de la société de consommation ; progrès spectaculaires de l'automobile (Ford) ; développement du crédit.

II. L'Amérique de la «Grande Dépression» (1929-1933)

A. **Le «krach» de Wall Street** (chap. 6) met fin à la prospérité : on entre dans la «Grande Dépression» (faillites bancaires, industrielles, agricoles).

B. **Une société en proie au désarroi** :
- *15 millions de chômeurs* ; toutes les catégories sociales sont touchées, les soupes populaires se multiplient ;
- *les Américains n'ont plus confiance dans le libéralisme.*

C. **Les républicains (Hoover) sont rendus responsables de la crise** : le démocrate Roosevelt est élu en novembre 1932. Il prend ses fonctions au début de 1933.

III. Roosevelt et le «New Deal»

A. Avec l'aide de son «brain trust», **Roosevelt mène une politique originale, le «New Deal»**, afin de lutter contre la crise :
- l'État intervient dans la vie économique malgré les violentes critiques des tenants du libéralisme ;
- *pour résorber le chômage, augmentation du pouvoir d'achat* : relance de la consommation et de la production, grands travaux financés par l'État ;
- *une série de mesures audacieuses* sont prises entre 1933 et 1939 (tableau ci-contre).

B. **Des résultats inégaux** :
- *positifs pour l'agriculture*, mais mitigés pour le chômage ;
- *la reprise industrielle* se ralentit à partir de 1938 malgré le réarmement.

Roosevelt a sauvé le capitalisme et renforcé le pouvoir présidentiel, mais seule la guerre mettra fin à la crise.

Quelques définitions

Brain trust : «trust des cerveaux», équipe des conseillers du président Roosevelt.

Démocrate : parti ouvert au progrès social ; s'appuie sur les travailleurs, les Noirs et les couches modestes de la population.

Isolationnisme : doctrine politique qui recommande de pratiquer l'isolement par rapport aux pays voisins.

Ku Klux Klan : société secrète américaine d'extrême-droite hostile aux Noirs.

New Deal : «nouvelle donne» (terme de jeu de cartes).

Républicain : plus traditionnaliste que le parti démocrate ; lié aux milieux d'affaires du nord-est.

Taylorisme : méthode d'organisation rationnelle du travail mise au point par Taylor ; conduit au travail à la chaîne.

Franklin Roosevelt
(1882-1945)

L'économie américaine de 1920 à 1939

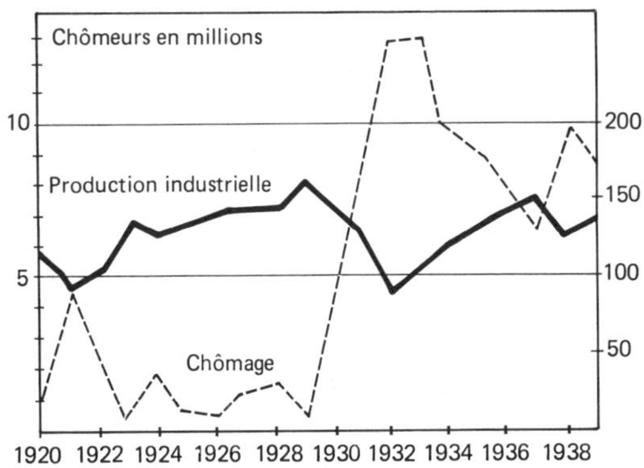

1. Décrivez l'évolution de la production industrielle et du chômage aux États-Unis.
2. Y-a-t-il une relation entre les deux courbes ?
3. Comment se manifeste la crise ?

Les principales mesures du New Deal

financières :
– Dévaluation du Dollar (qui relance les exportations).

agricoles :
– A.A.A. *(Agricultural Adjustment Act)* : aide aux agriculteurs.

industrielles :
– N.I.R.A. *(National Industry Recovery Act)* : aide aux industriels, conventions collectives entre patrons et salariés.
– Équipements collectifs (Tennessee Valley Authority).

sociales :
– Liberté syndicale (loi Wagner).
– Relèvement des salaires et réduction du temps de travail.
– Système d'assurances sociales (vieillesse et chômage).

8. La France de 1919 à 1939

La France se relève difficilement de la guerre pour retrouver une fragile prospérité. L'entre-deux guerres est marqué par l'instabilité politique, une crise économique et un malaise profonds.

I. A la recherche d'un équilibre politique

A. Un pays ébranlé par la guerre :
- *énorme déficit financier* et vieillissement de la population ;
- *division de l'opinion publique :* crainte du bolchevisme* de la part des milieux aisés ; scission entre communistes et socialistes après le Congrès de Tours (1920) ;
- *difficultés avec l'Allemagne* au sujet des réparations.

B. Une politique hésitante :
- *le parti radical* dominé par Edouard Herriot joue un rôle capital (il entre dans toutes les coalitions de gauche ou de droite) ;
- la peur du communisme explique le *succès de la droite (Bloc national) en 1919 ;*
- les difficultés économiques amènent *le Cartel des gauches au pouvoir en 1924,* mais Herriot échoue et c'est Poincaré avec un gouvernement d'union qui rétablit l'équilibre du budget et sauve le franc (1926).

II. De la prospérité retrouvée à la crise

A. Les années 1925-1930 sont celles de la confiance retrouvée et de la joie de vivre (les «années folles»), tandis que l'économie se modernise et que la production progresse.

B. La crise atteint la France en 1931. D'économique, elle devient politique ;
- *l'union nationale est rompue,* l'instabilité des gouvernements est à son comble et les tensions sociales s'accentuent ;
- *des scandales éclatent* (affaire Stavisky) et sont exploités par les ligues : montée de la violence et du danger fasciste (émeute du 6 février 1934) ;
- *la gauche inquiète se rassemble dès 1935 et remporte les élections de 1936* grâce à l'alliance des communistes, socialistes et radicaux.

III. L'expérience du Front populaire

A. Blum devient le chef du gouvernement composé de socialistes et de radicaux, au milieu d'un immense espoir populaire : les grèves de 1936 se déroulent dans une atmosphère de kermesse.

B. Pourtant, **auprès d'importantes conquêtes sociales,** le Front populaire se montre incapable de résoudre la crise économique. Alliée aux radicaux, la droite revient au pouvoir en 1938.

En 1939, la gauche est démoralisée et les Français ne sont pas tous conscients du danger que constitue l'hitlérisme. C'est une nation divisée qui affronte la guerre.

Quelques définitions

Cartel : entente entre les partis politiques de gauche.

Ligues : associations politiques d'extrême-droite dans les années 1930 ; la plus célèbre est la Ligue des *Croix-de-Feu* du colonel de la Rocque.

Raymond Poincaré
(1860-1934)
Lorrain patriote, avocat, adepte de la rigueur financière et de la fermeté envers l'Allemagne.

Edouard Herriot
(1872-1957)
Maire de Lyon, aimant la bonne chère, type du «Français moyen» conciliant et bonhomme.

Léon Blum
(1872-1950)
Intellectuel généreux mais parfois peu lucide, incarne le socialisme démocratique.

Les accords Matignon vus par Léon Jouhaux
(secrétaire général de la C.G.T.)

«La victoire obtenue dans la nuit de dimanche à lundi consacre le début d'une ère nouvelle... L'ère des relations directes entre les deux grandes forces économiques du pays... Pour la première fois dans l'histoire du monde, toute une classe obtient dans le même temps une amélioration de ses conditions d'existence.»

L. Bodin et J. Touchard, *Front populaire 1936.*

1. Quelles nouveautés apparaissent dans le jugement de L. Jouhaux ?
2. De quelles «forces économiques» s'agit-il ?
3. Quelle classe sociale profite des améliorations ?
4. Quels sont les avantages obtenus par les accords «Matignon» ?

L'œuvre du Front populaire

Réalisations sociales :
- accords «Matignon» : conventions collectives de travail, liberté syndicale, hausse des salaires, semaine de 40 heures, congés payés (15 jours par an).

Réformes économiques :
- création de l'Office du blé ;
- nationalisation de l'armement, de l'aéronautique, naissance de la S.N.C.F. ;
- contrôle de l'État sur la Banque de France.

9. L'Italie fasciste

Dans une Italie affaiblie par la guerre et troublée par la violence triomphe un régime autoritaire dirigé par Mussolini.

I. La conquête du pouvoir (1919-1925)

A. Au lendemain de la guerre, une crise grave secoue l'Italie :
- *crise économique et sociale* (inflation*, grèves et manifestations, occupations d'usines et de terres) ;
- *crise politique* (gouvernements incapables ; progrès du communisme et du mouvement fasciste appuyé par les milieux aisés) ;
- *crise morale* (déception devant la «victoire mutilée»).

B. En 1922, les fascistes arrivent au pouvoir :
- Les «chemises noires» menacent de *marcher sur Rome ;* le faible roi Victor-Emmanuel III cède et confie le gouvernement à Mussolini ;
- *Mussolini obtient les pleins pouvoirs,* puis la majorité au nouveau Parlement ; à partir de 1925, il installe sa dictature par les lois «fascistissimes».

II. La dictature fasciste

A. Un chef tout-puissant : «le Duce a toujours raison».

B. Un État totalitaire* :
- libertés étouffées (partis et syndicats sont interdits) ;
- opposants traqués, déportés, exilés ou même assassinés comme le socialiste Matteotti en 1924 ;
- population endoctrinée (slogan «Croire, Obéir, Combattre») ;
- les jeunes embrigadés dans les mouvements fascistes ;
- les travailleurs encadrés dans des corporations ;
- l'économie dirigée par l'État qui préconise l'autarcie*.

III. L'œuvre du fascisme

A. A l'intérieur, des réalisations incontestables :
- *modernisation de l'économie* et progrès de la production industrielle et agricole (la «bataille du blé») ;
- *grands travaux :* autoroutes, bonifications, fouilles archéologiques ;
- la grandeur italienne exaltée (rappel de la Rome antique).
- *natalité encouragée,* instruction développée ;
- *réconciliation Église-État* par les accords du Latran (1929).

B. Mais à partir de 1930-35, la crise économique pousse le fascisme dans **des aventures extérieures** : invasion de l'Éthiopie (1935) et de l'Albanie (1939), alliance avec Hitler, aide à Franco en Espagne...

En 1939 l'Italie offre une solidité apparente, mais la guerre va révéler ses faiblesses et être fatale au fascisme.

Benito Mussolini (1883-1945)
D'abord instituteur socialiste, il devient partisan d'un régime autoritaire et nationaliste. Démagogue, il a été surnommé «César de carnaval».

Le faisceau, emblème de l'Italie mussolinienne (explication ci-dessous).

La toute-puissance de l'État

«Pour le fascisme tout est dans l'État et rien d'humain ni de spirituel n'existe en dehors de l'État. Dans ce sens, le fascisme est totalitaire, et l'État fasciste... développe et donne puissance à la vie tout entière du peuple».

Mussolini

Quelques définitions

Accords du Latran (du nom d'une basilique de Rome) : ils mettent fin à la brouille qui durait depuis l'annexion de Rome au royaume d'Italie en 1870 : l'Église obtient de sensibles avantages et le pape est reconnu souverain de l'État indépendant du Vatican.

Bonifications : travaux d'amélioration des terres (exemple : l'assèchement des marais Pontins au sud de Rome).

Chemises noires : troupes de choc du mouvement fasciste, organisées militairement.

Corporations : nom donné aux syndicats officiels, associant travailleurs et patrons (négation de la lutte des classes).

Duce : le «Guide», le Chef.

Faisceaux : nom du premier mouvement fondé par Mussolini en 1919 (le faisceau – verges enserrant un fer de hache – était l'emblème du pouvoir suprême chez les Romains). *Fascisme* = doctrine des Faisceaux.

Victoire mutilée : l'Italie est déçue de n'avoir pas obtenu tous les territoires promis par les Alliés (par exemple : la Dalmatie).

En 1939, l'État italien produit la moitié de l'acier, les deux tiers du minerai de fer, les quatre cinquièmes de la fonte et des navires. Cette intervention s'effectue par un organisme public, l'IRI (Institut pour la Reconstruction Industrielle), lequel existe toujours.

10. L'Allemagne nazie

Profondément ébranlée par la guerre et par le «Diktat» de Versailles, l'Allemagne connaît des difficultés politiques et économiques qui amènent Hitler au pouvoir.

I. Une fragile république (1919-1929)

A. Une constitution fédérale démocratique est adoptée à Weimar en 1919 après l'échec de la révolution spartakiste :

- un climat de violence et une double opposition communiste et nationaliste affaiblissent le régime ;
- l'inflation* et les tensions sociales aggravent la situation.

B. Une apparente stabilisation règne de 1924 à 1929 :

- assainissement monétaire et redressement économique ;
- retour de la droite conservatrice aux affaires ; le parti nazi perd des voix mais la crise de 1929 lui ouvre les portes du pouvoir.

II. Les progrès du nazisme (1930-1933)

A. Le chômage croissant cristallise les mécontentements ; il favorise le communisme et surtout la **spectaculaire poussée des nazis.**

B. Le succès des nazis s'explique par plusieurs éléments :

- *les promesses d'Hitler* qui séduisent chômeurs et classes moyennes;
- *le soutien des milieux industriels* effrayés par le danger communiste ;
- *l'aspiration des Allemands à un pouvoir fort.*

C. Dans un climat de désordre entretenu par les SA, **Hitler est appelé au pouvoir** par le président Hindenburg (30 janvier 1933).

III. La dictature nazie : «Un peuple, un État, un chef»

A. Un État totalitaire* soumis au chef unique, le «Führer», et à un seul parti, le parti nazi :

- Hitler profite de l'*incendie du Reichstag* pour interdire le parti communiste ; il élimine l'opposition (les camps de concentration apparaissent) et s'appuie sur quelques fidèles (Goering) ;
- la foule est fanatisée et la jeunesse embrigadée *(Hitlerjugend) ;*
- *SS et Gestapo* entretiennent une atmosphère de terreur.

B. Une économie dirigiste :

- chômage enrayé grâce à de grands travaux (autoroutes) ;
- remarquable essor industriel mais surtout orienté vers l'armement. Les produits alimentaires sont rationnés («du beurre ou des canons»).

C. Une politique raciste :

- supériorité de la race aryenne ;
- mesures antisémites dès 1933, de plus en plus accentuées ensuite.

Peu à peu se met en marche une formidable machine de guerre et Hitler s'engage dans une politique d'annexions qui aboutit à la guerre (chap. 11).

Quelques définitions

Aryen : peuple indo-européen ; pour les nazis, il constitue la race supérieure, ses représentants les plus purs sont les Germaniques et les Scandinaves.

Diktat : littéralement «paix dictée» sous la menace.

Führer : le «guide», le chef.

Gestapo : police secrète de l'État, dirigée par Himmler.

Hitlerjugend : jeunesse hitlérienne (organisation paramilitaire de jeunes).

Nazi : abréviation de «Nazionalsozialist».

Putsch de Munich : tentative de coup d'État mené par Hitler en 1923.

Reichstag : parlement allemand.

IIIe Reich : régime hitlérien (IIe Reich = Empire 1871-1918 ; Ier Reich = Saint Empire du Moyen-Age).

S.A. : Sections d'assaut, Milice du parti nazi.

S.S. : Sections de sécurité, Milice personnelle d'Hitler.

Spartakistes : communistes allemands, du nom de Spartacus, chef des esclaves romains révoltés.

Adolf Hitler (1889-1945), «Führer» du IIIe Reich

Né à Braunau (Autriche), d'origine modeste, Hitler est un artiste raté ; en 1914, il s'engage dans l'armée allemande et accepte mal la défaite. Il juge sévèrement la politique allemande et adhère au parti nazi dont il devient président en 1921. Condamné à la prison après le putsch de Munich, il rédige *Mein Kampf* («Mon combat»), dans lequel il expose sa doctrine. La crise de 1929 renforce son parti. Chancelier en 1933, il devient le maître incontesté de l'Allemagne qu'il entraîne vers la guerre en même temps qu'il poursuit son rêve de domination.

La poussée du parti national-socialiste

Années	Membres	Sièges
1928	100 000	12
1931	500 000	107
1932	1 000 000	230

1. A quel moment le parti nazi s'est-il développé ?
2. Quelle est la conception du chef selon Hitler ?

Le principe du chef

«... Le chef détient une autorité incontestée... Partout le chef est institué par le chef immédiatement supérieur... Celui qui veut être chef porte avec l'autorité suprême et sans limite, le lourd fardeau d'une responsabilité totale. Seul un héros peut assumer cette fonction...»

Hitler, *Mein Kampf.*

11. Les relations internationales (1920-1939)

Au terme de la Première Guerre mondiale, les nations aspirent à la paix, mais la détente est de courte durée et la montée des dictatures met rapidement la paix en danger.

I. 1920-1930 : la paix retrouvée

A. Une entente difficile :
- malgré la création de la S.D.N. (ch. 4), *des difficultés* apparaissent dès 1920 en Europe et dans le monde ;
- les vainqueurs s'opposent au sujet des *réparations* dues à la France ; celle-ci, isolée, réagit en occupant la Ruhr en 1923.

B. Le retour à la détente à partir de 1924 s'explique par le rétablissement de la prospérité et les efforts du Français Briand et de l'Allemand Stresemann, tous deux partisans d'une entente :
- *les plans Dawes* (1924) *et Young* (1929) échelonnent les réparations ;
- *l'accord de Locarno en 1925* réconcilie la France et l'Allemagne qui entre à la S.D.N. en 1926 ;
- *le pacte Briand-Kellogg* met la guerre «hors-la-loi» (1928).

C. Mais la crise de 1929 ravive les tensions internationales :
- *l'Allemagne* refuse les réparations, puis quitte la S.D.N. ;
- *le Japon* envahit la Mandchourie en 1931 et quitte la S.D.N. ; en 1937, il attaque la Chine elle-même.

II. 1931-1939 : la paix à nouveau menacée

A. L'Europe est déstabilisée :
- les États se replient sur eux-mêmes ;
- *les démocraties font preuve de faiblesse* à l'égard des dictatures qui pratiquent une politique expansionniste (Allemagne, Italie, Japon).

B. Hitler viole le traité de Versailles :
- *il réarme* et rétablit le service militaire obligatoire (1935) ;
- *il remilitarise la Rhénanie* en 1936.

C. Le «Grand Tournant» de 1936 :
- l'Italie (qui a occupé *l'Éthiopie*) et l'Allemagne soutiennent le général Franco lors de la *guerre civile en Espagne ;* ainsi s'aggrave la division de l'Europe entre fascistes, communistes et partisans de la démocratie ;
- Hitler s'allie avec l'Italie *(axe Rome-Berlin)* et le Japon *(pacte antikomintern).*

D. A partir de 1938, la guerre se profile à l'horizon .
- Hitler annexe l'Autriche *(Anschluss)* puis annexe la région des Sudètes à la *conférence de Munich ;*
- en 1939, il achève de démembrer la Tchécoslovaquie, puis attaque *la Pologne* après s'être entendu avec Staline (pacte germano-soviétique) ;
- *la France et l'Angleterre déclarent alors la guerre à l'Allemagne le 3 septembre 1939.*

Après vingt ans de répit, le monde se trouve à nouveau plongé dans la guerre.

Quelques définitions

Anschluss : rattachement de l'Autriche à l'Allemagne.

Antikomintern (pacte) : pacte anti-communiste signé en 1936 entre l'Allemagne et le Japon.

Axe Rome-Berlin : entente conclue en 1936 entre l'Italie et l'Allemagne.

Briand-Kellogg (pacte) : pacte inspiré par le Français Briand et l'Américain Kellogg : il met la guerre «hors la loi».

Munich (accords de) : conclus en septembre 1938 entre Hitler, Mussolini, l'Anglais Chamberlain et le Français Daladier ; le territoire des Sudètes est abandonné à l'Allemagne.

Sudètes : population de langue allemande vivant en Tchécoslovaquie.

La marche à la guerre : les agressions d'Hitler

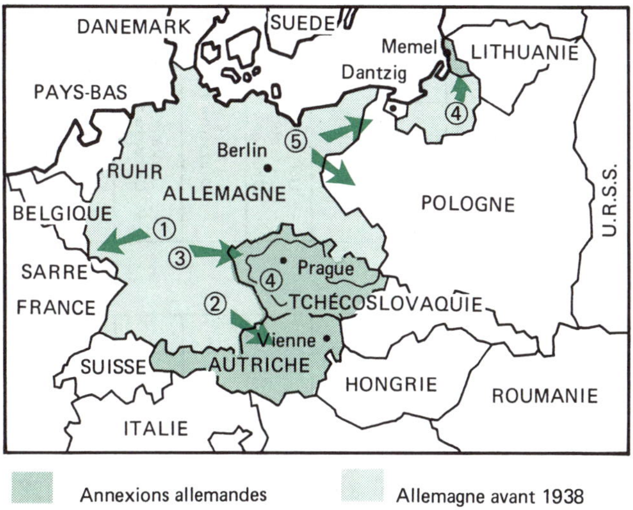

① 1936 : Remilitarisation de la Rhénanie (en 1935, la Sarre a, après plébiscite, fait retour à l'Allemagne).

② Mars 1938 : Anschluss.

③ Septembre 1938 : Annexion des Sudètes.

④ Mars 1939 : Protectorat de Bohême-Moravie ; occupation de Memel.

⑤ Septembre 1939 : Attaque de la Pologne.

L'espace vital selon Hitler

«L'Allemagne ne sera véritablement l'Allemagne que lorsqu'elle sera l'Europe. Tant que nous ne dominerons pas l'Europe, nous ne ferons que végéter. L'Allemagne, c'est l'Europe.

L'Allemagne sera une puissance mondiale ou bien elle ne sera pas.»

△ Comment se manifeste la volonté de domination d'Hitler ?

Années	Relations internationales	Autres grands événements	Années
1919	– Traités de Versailles, St-Germain, Neuilly. – Création de la S.D.N.	– Guerre civile en Russie et intervention étrangère.	1919
1920	– Traités de Trianon et Sèvres.	– Le Sénat américain rejette le traité de Versailles et la S.D.N.	1920
1921		– Début de la N.E.P. en Russie. – Vaccin antituberculeux (Calmette-Guérin). – Partage de l'Irlande.	1921
1922		– Italie : marche sur Rome (30 octobre). – Création de l'U.R.S.S.	1922
1923	– Occupation de la Ruhr par France et Belgique. – Traité de Lausanne (annule Sèvres avec la Turquie).	– Inflation en Allemagne.	1923
1924	– L'U.R.S.S. reconnue par France et Grande-Bretagne. – Plan Dawes sur les Réparations.	– U.R.S.S. : mort de Lénine. – La Gauche au pouvoir en France et en Grande-Bretagne.	1924
1925	– Accords de Locarno.	– La livre sterling convertible en or. – Dictature fasciste en Italie.	1925
1926	– L'Allemagne entre à la S.D.N.	– Grève générale en Grande-Bretagne. – Crise du franc : appel à Poincaré.	1926
1927		– Lindbergh traverse l'Atlantique en avion. – Premier film parlant aux États-Unis.	1927
1928	– Pacte Briand-Kellogg.	– U.R.S.S. : 1er plan quinquennal. – Poincaré stabilise le franc.	1928
1929	– Plan Young (juin). – Krach boursier de Wall Street (24 octobre).	– U.R.S.S. : Trotsky exilé. Staline seul maître. – Découverte de l'A.D.N. (hérédité).	1929

Année	Événements	Événements	Année
1930	– Évacuation de la Rhénanie par la France.	– U.R.S.S. : collectivisation et dékoulakisation. – Allemagne : succès électoral nazi.	1930
1931	– Crise économique en Europe : faillites. – Le Japon occupe la Mandchourie.	– Dévaluation de la livre sterling.	1931
1932	– Ouverture de la conférence du désarmement.	– La Grande-Bretagne abandonne le libre-échange. – Roosevelt élu président des États-Unis.	1932
1933	– Le Japon et l'Allemagne quittent le S.D.N.	– Hitler chancelier (30 janv.). IIe Plan en U.R.S.S. – New-Deal aux États-Unis. – Microscope électronique.	1933
1934	– L'U.R.S.S. entre à la S.D.N.	– Dévaluation du dollar. – Émeute du 6 février à Paris.	1934
1935	– La Sarre revient à l'Allemagne. – L'Italie attaque l'Éthiopie. – Réarmement allemand.	– Loi Wagner sur les syndicats (E.U.). – Décrets-lois Laval (France). – Débuts de la TV expérimentale.	1935
1936	– Remilitarisation de la Rhénanie (mars). – Guerre d'Espagne (juillet). – Axe Rome-Berlin – Pacte antikomintern.	– Front populaire en France (Blum). – Chaplin : Les Temps modernes. – Roosevelt réélu président.	1936
1937	– Guerre sino-japonaise. – L'Italie quitte la S.D.N.	– Procès de Moscou. – Chute du ministère Blum (France).	1937
1938	– Anschluss (mars). – 1re crise tchécoslovaque : Munich (septembre).	– Persécutions antisémites en Allemagne.	1938
1939	– 2e crise tchécoslovaque (mars). – L'Italie occupe l'Albanie (avril). – Pacte germano-soviétique. – Invasion allemande en Pologne (1er septembre) ; – début de la 2e Guerre mondiale.	– Franco maître de l'Espagne.	1939

12. La Seconde Guerre mondiale :

		A L'OUEST	A L'EST
Les succès de l'axe	1939	• Début de la guerre (septembre). • «Drôle de guerre».	• Campagne de Pologne (septembre). • Attaque de la Finlande par l'U.R.S.S. (novembre).
	1940	• Campagne de Norvège (avril). • Campagnes de Hollande, Belgique et France (mai-juin). • Bataille d'Angleterre (août-octobre) ; le «blitz».	• L'U.R.S.S. annexe les États baltes et la Bessarabie.
	1941	• Bataille de l'Atlantique.	• Attaque allemande contre l'U.R.S.S. (juin). • Les Allemands devant Moscou et Leningrad (automne).
L'année tournante	1942	• Bataille de l'Atlantique (suite). • La machine de guerre américaine se met en marche.	• Contre-offensive d'hiver des Soviétiques. • Offensive allemande vers le Caucase (juin). • Bataille de Stalingrad (automne-hiver).
La victoire des alliés	1943	• Bataille de l'Atlantique (suite). • Début des bombardements massifs sur l'Allemagne.	• Stalingrad : capitulation de la 6e Armée allemande. • Bataille de Koursk : échec allemand (juillet). • Les Russes à Kiev (novembre).
	1944	• Débarquement allié en Normandie (juin). • Libération de Paris (août). • Contre-offensive allemande des Ardennes (décembre).	• Avance soviétique de la Baltique aux Balkans. • Insurrection de Varsovie (août-septembre).
	1945	• Passage du Rhin (mars). • Capitulation allemande à Reims (8 mai).	• Offensive soviétique générale (janvier). • Jonction des troupes soviétiques et américaines sur l'Elbe (avril). • Chute de Berlin (2 mai).

les grandes phases (1939-1945)

EN MÉDITERRANÉE	ASIE ET PACIFIQUE	FAITS POLITIQUES
		• Pacte germano-soviétique (août). • Non-belligérance italienne (septembre). • Neutralité américaine.
• L'Italie en guerre (juin). • Mussolini attaque la Grèce (octobre).	• Les Japonais s'installent en Indochine (septembre).	• Churchill Premier ministre de Grande-Bretagne (mai). • Appel de De Gaulle (18 juin). • Régime de Vichy : Pétain (10 juillet). • Roosevelt réélu (novembre).
• Offensive allemande en Libye : Rommel (avril). • Campagne des Balkans : Yougoslavie, Grèce (avril-mai).	• Attaque japonaise sur Pearl Harbor (décembre).	• Loi prêt-bail (mars). • Charte de l'Atlantique (août). • Entrée en guerre des États-Unis (décembre).
• Bataille anglo-allemande d'El Alamein en Égypte (octobre). • Débarquement des Alliés en Algérie-Maroc et débarquement allemand en Tunisie (novembre).	• Les Japonais en Birmanie, puis à Singapour (février) et à Java. • Batailles de la mer de Corail et de Midway (mai-juin).	• Déclaration des Nations-Unies (janvier). • Organisation des résistances intérieures en Europe occupée. • La France entière occupée (novembre).
• Les Allemands capitulent en Tunisie (mai). • Débarquement allié en Sicile (juillet). • Débarquement en Italie du Sud (septembre).	• Victoire américaine de Guadalcanal (février). • Offensive japonaise en Chine (mai).	• Création du Comité français de Libération nationale (juin). • Armistice italien (septembre). • Conférence de Téhéran (novembre).
• Prise de Rome (juin). • Débarquement allié en Provence (août).	• Reconquête des îles (Carolines, Mariannes). • Offensive anglaise en Birmanie (septembre). • Batailles navales des Philippines (juin-octobre).	• Attentat contre Hitler (juillet). • Armistices en Bulgarie, Roumanie, Finlande (septembre). • Roosevelt réélu (novembre).
	• Débarquements américains aux Philippines (janvier), puis à Iwojima et à Okinawa. • Bombes atomiques sur Hiroshima et Nagasaki (août). • Capitulation japonaise (2 septembre).	• Conférence de Yalta (février). • Mort de Roosevelt ; exécution de Mussolini ; suicide de Hitler (avril). • Conférence de Potsdam (juillet-août). • L'U.R.S.S. déclare la guerre au Japon (août).

13. L'Europe allemande (1940-1944)

Entre 1940 et 1944 la plus grande partie du continent européen est sous domination allemande.

I. La domination hitlérienne s'exerce sur : (carte p. 39)

A. Le «Grand Reich allemand», largement agrandi depuis 1938 ;
B. Les alliés et satellites du Reich (Italie, Europe orientale) ;
C. Les pays occupés, administrés soit directement, soit par l'intermédiaire de gouvernements dociles.

II. L'Europe exploitée

A. L'Allemagne en tire de multiples ressources :

- *en argent* : indemnités de guerre, frais d'occupation, etc. ;
- *en denrées agricoles,* tandis qu'un rationnement sévère est institué dans les territoires occupés, engendrant le marché noir ;
- *en matières premières et produits industriels* expédiés en Allemagne (camions Renault par exemple).

B. La main-d'œuvre est réquisitionnée :

- la Wehrmacht a besoin de soldats sur tous les fronts ; aussi l'Allemagne importe-t-elle des ouvriers, outre les prisonniers de guerre qu'elle met au travail ;
- d'abord des volontaires, puis des requis de force (S.T.O. en France) ;
- la production d'armement triple entre 1942 et 1944, .

III. Collaborateurs et Résistants

A. Les nazis veulent imposer leur «ordre nouveau» :

- par une *propagande* intense (affiches, presse, radio, cinéma) ;
- en s'appuyant sur des «collaborateurs» dévoués à leurs ordres, par conviction ou par intérêt (Quisling en Norvège, Laval en France) ;
- en *exterminant* leurs adversaires et les populations jugées inférieures (juifs, tziganes, Slaves) dans des camps de concentration (Auschwitz).

B. Une résistance se développe :

- réseaux de renseignement, sabotages, attentats ;
- tracts et journaux clandestins ;
- formation de *maquis* dans les montagnes et les forêts (Biélorussie, Balkans, Alpes), et même dans des villes (Varsovie, 1944) ;
- les résistants infligent des coups sévères aux occupants, en dépit d'une *répression sanglante* par la Gestapo, les SS et leurs agents locaux (la Milice en France).

L'Europe allemande

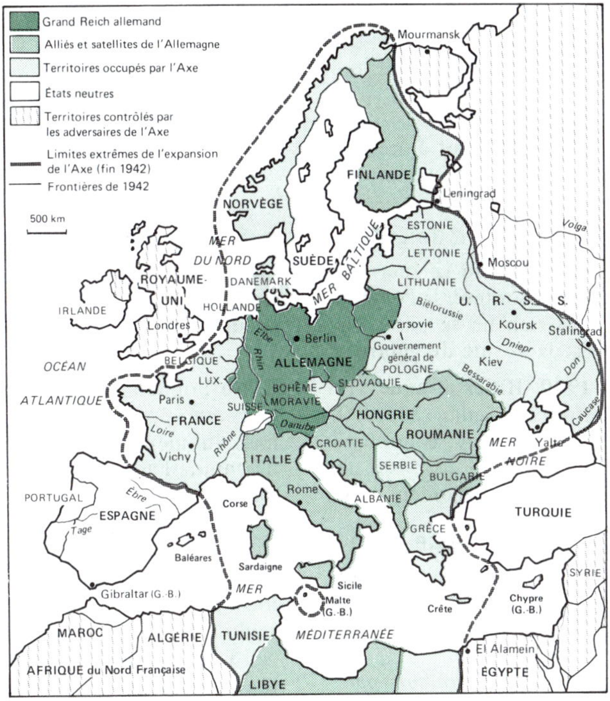

1. Classez les États d'après l'ordre du point 1, p. 32.
2. Quels sont les États neutres ?
3. Situez les noms des lieux cités au tableau p. 30-31.
4. Pourquoi le nom de Stalingrad est-il devenu un symbole ?

Quelques définitions

Maquis : groupes armés installés dans des régions d'accès difficile.

Marché noir : trafic de denrées vendues beaucoup plus cher que leur prix normal.

S.T.O. : Service du travail obligatoire, institué en France en février 1943 pour les jeunes hommes de 21 à 23 ans.

Wehrmacht : «Force armée de défense», nom de l'armée allemande comprenant l'armée de terre, la Kriegsmarine et la Luftwaffe (aviation).

L'exploitation des pays occupés

«Vous n'avez pas été envoyés là-bas pour vous occuper du bien-être des gens, mais pour en tirer le maximum. Il faut que vous soyez comme des furets, guettant tout ce qui peut être utile au peuple allemand ; il faut que tout cela soit saisi et aussitôt envoyé ici... Autrefois c'était plus simple : on pillait ; celui qui avait conquis le pays disposait de ses richesses...

La collaboration de Messieurs les Français, je la vois seulement ainsi : qu'ils livrent tout ce qu'ils peuvent jusqu'à ce qu'ils n'en puissent plus.»

(Goering, second de Hitler, aux responsables allemands des pays occupés, 6 août 1942)

14. La France dans la guerre 1939-1945

Les Français traversent alors une des plus dures épreuves de leur histoire. L'unité nationale est même compromise.

I. La «drôle de guerre» et la débâcle (1939-1940)

A. La France a déclaré la guerre à l'Allemagne pour soutenir la Pologne (chap.11) ; mais rien ne se passe sur le front, c'est la **«drôle de guerre»**.

B. En mai 1940, Hitler attaque ; le front est enfoncé à Sedan, 335 000 Franco-Anglais peuvent se rembarquer à Dunkerque. Puis c'est la débâcle ; le gouvernement du **maréchal Pétain** signe l'**armistice de Rethondes** ; le pays est aux 2/3 occupé.

C. De Londres, **le général De Gaulle lance un appel** à poursuivre la lutte; mais lui-même est encore presque inconnu, l'appel n'est guère entendu.

II. Le régime de Vichy : l'État français (1940-1944)

A. La Révolution nationale (devise : *Travail-Famille-Patrie*) remplace la République (devise : *Liberté-Égalité-Fraternité*) :

- *Pétain installe son pouvoir personnel* de «chef de l'État français» : il emprisonne les anciens dirigeants, interdit partis et syndicats ; la censure sévit, les juifs sont persécutés comme en Allemagne ;
- *Pétain rencontre Hitler à Montoire et accepte de «collaborer»* à l'ordre nouveau des nazis.

B. Vichy devient un satellite de l'Allemagne :

- *la zone libre est occupée à son tour,* pour riposter au débarquement anglo-américain en Afrique du Nord ; la flotte se saborde à Toulon pour échapper aux Allemands ;
- *Laval,* chef du gouvernement, collabore ouvertement avec l'Allemagne.

C. La Résistance grandit :

- *la «France libre»* est dirigée par De Gaulle, de Londres puis d'Alger ;
- *la Résistance intérieure* se développe, coordonnée par Jean Moulin; des maquis sont actifs, malgré la répression allemande (Oradour).

III. La libération (1944-1945)

A. Les débarquements alliés en Normandie puis en Provence :

- les Alliés, commandés par le général Eisenhower, sont aidés par *les F.F.I.* (Forces Françaises de l'Intérieur), qui libèrent le Centre et le Sud-Ouest ;
- *Paris puis Strasbourg* sont libérés par Leclerc et la 2e D.B. ; De Gaulle est accueilli en triomphe ; les Allemands emmènent Pétain ;
- seuls résistent jusqu'en 1945 quelques ports (La Rochelle, Saint-Nazaire).

B. Les souffrances de la population ont été terribles : 600 000 morts (dont 200 000 civils), destructions dues aux bombardements, sévère rationnement de tous les produits, sous-alimentation et marché noir...

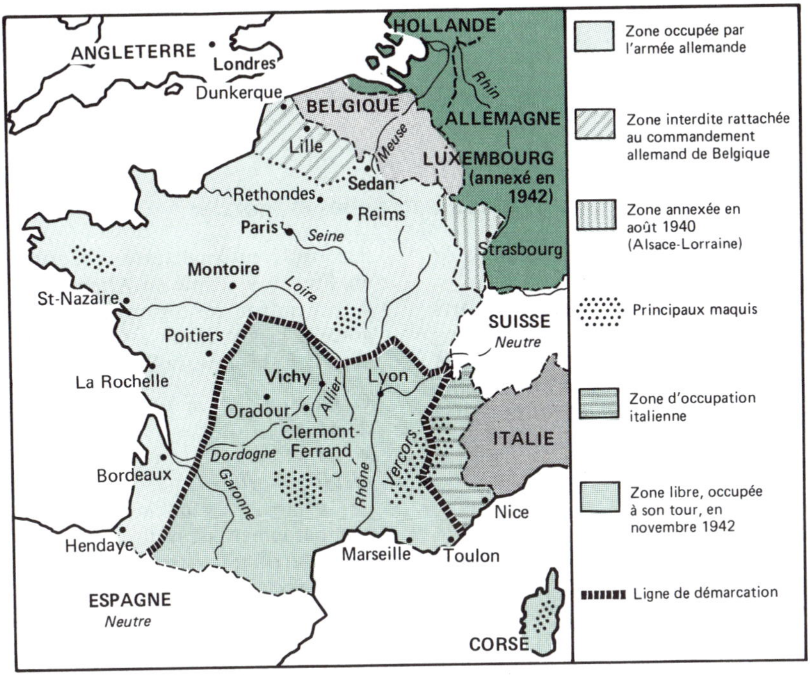

Repères chronologiques

(3 sept. 1939) **Déclaration de guerre**

(13 mai 1940) Sedan

(18 juin 1940) Appel du général De Gaulle

(22 juin 1940) **Armistice de Rethondes**

(24 octobre 1940) **Entrevue de Montoire**

(avril 1942) Laval chef du gouvernement

(11 novembre 1942) **Invasion de la zone libre**

(27 novembre 1942) Sabordage de la flotte à Toulon

(février 1943) S.T.O.

(6 juin 1944) **Débarquement de Normandie**

(10 juin) Massacre d'Oradour

(15 août) Débarquement de Provence

(25 août) **Libération de Paris**

(22 novembre) Libération de Strasbourg

(8 mai 1945) **Capitulation allemande à Reims**

△ Que s'est-il passé à Sedan, à Dunkerque, à Rethondes, à Reims, à Montoire, à Oradour, à Toulon ? A quel moment (aidez-vous du texte page 36 et du document ci-dessus) ?

15. Bilan du second conflit mondial

I. Les ruines matérielles et morales

A. La démographie : 50 millions de morts (5 fois 1914-1918) :

- *la moitié sont des civils*, morts sous les bombes ou dans les camps ;
- l'U.R.S.S. dénombre 20 millions de morts, la Pologne 6, l'Allemagne 5, le Japon 2, mais les États-Unis 300 000 (la France 600 000).

B. L'économie : des dégâts immenses :

- trois villes sur quatre détruites en Allemagne, 70 000 villages rasés en Russie ; en France, la moitié du parc SNCF a disparu. La production est quasiment nulle en 1945 en Europe : c'est l'«année zéro» ;
- *le poids des dettes* est énorme : il a triplé en Angleterre, quadruplé en France, décuplé en Allemagne...
- cependant des régions ont connu grâce à la guerre un essor certain ; ainsi la Californie, la Sibérie...

C. La société. : le «grand chambardement» :

- *les valeurs de la civilisation ont reculé :* torture, massacres, camps de la mort et génocide* des juifs, bombardements aveugles, emploi de la terrifiante arme atomique... ;
- *un reclassement social s'opère :* en Occident, nouveaux riches du marché noir côtoient des réfugiés misérables ; en Pologne, les nazis ont systématiquement exterminé les élites.

II. Un avenir incertain

A. Le partage du monde :

- il s'effectue entre les Anglais, les Américains et les Soviétiques aux trois conférences de *Téhéran* (1943), *Yalta* et *Potsdam* (1945) ;
- *des traités de paix* seront finalement signés avec l'Italie et les satellites de l'Allemagne (1947), puis le Japon (1951) ; mais aucun avec l'Allemagne, divisée en quatre zones d'occupation (carte p. 43) ; l'Autriche sera occupée jusqu'en 1955. Trieste restera finalement italienne, son arrière-pays devenant yougoslave.
- l'U.R.S.S. s'agrandit vers l'ouest, la Pologne est décalée. Le Japon perd ses possessions extérieures (Corée, Formose-Taïwan...).

B. La fin des empires coloniaux :

- les Européens vaincus ont perdu la face ; les nationalistes* indigènes, encouragés par les Américains et les Soviétiques, réclament l'indépendance ;
- l'Angleterre a, dès 1942, promis la liberté à l'*Inde ;* au *Vietnam* (Indochine), en *Indonésie,* l'indépendance est proclamée en 1945 ; de dures guerres s'ensuivront (chap. 17).

C. Des espoirs de renouveau :

- ils se manifestent par l'essor de la natalité, l'arrivée de nouveaux dirigeants plus jeunes, l'instauration d'une sécurité sociale, etc. ;
- *des institutions internationales* cherchent à organiser le monde : accords de Bretton Woods sur la monnaie (création du F.M.I.*, fondation de l'O.N.U.).

L'Europe en 1945-1947

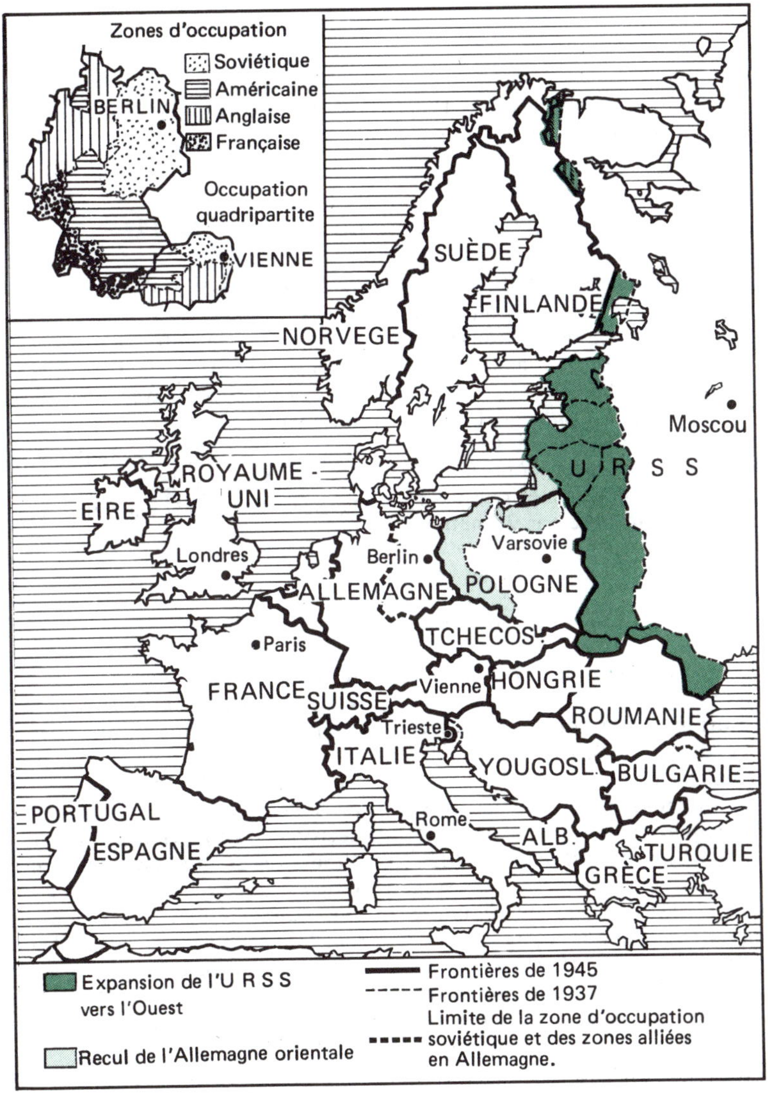

△ Quels États ont perdu des territoires par rapport à 1937 ? Quels États en ont gagné ? Quels États en ont à la fois gagné et perdu ? Quels États ont disparu ?

16. L'O.N.U.

L'Organisation des Nations Unies (O.N.U.) est née d'une idée généreuse : empêcher les guerres, développer la coopération entre nations.

I. Origines et fonctionnement de l'O.N.U.

A. La fondation de l'O.N.U. :

- *la Société des Nations,* fondée en 1919, avait échoué à cause de l'absence de force armée et du désintérêt des États-Unis ;
- *la Charte de l'Atlantique* (1941), signée par Roosevelt et Churchill pour jeter les bases d'un monde d'après-guerre plus sûr et plus juste, est ratifiée en 1942 par 25 nations en guerre contre l'Axe («Nations Unies») ;
- le vote définitif de la *Charte* créant l'O.N.U. a lieu en 1945 à *San Francisco,* avec 51 États représentés.

B. Le fonctionnement de l'O.N.U. : voir le tableau p. 45.
Le siège de l'O.N.U. est à New York.

II. Évolution et rôle de l'O.N.U.

A. Son évolution de 1945 à nos jours :

- *dans le nombre de ses membres,* passé de 51 à 160 (y compris les anciens vaincus, Japon, Italie, les deux Allemagnes) ; mais la Suisse reste absente ;
- *dans leur répartition :* les Afro-Asiatiques disposent de 92 voix (13 en 1945), ce qui leur assure la «majorité automatique» ;
- *dans la conception de l'Organisation,* devenue une sorte de Parlement mondial où s'affrontent l'Est, l'Ouest et le «Sud» ; alors qu'à l'origine elle devait être pour les Grands, dotés de responsabilités mondiales, un moyen de garantir l'ordre international.

B. Son rôle :

- *dans le maintien de la paix :* elle a envoyé des soldats, dits *Casques bleus,* dans des points chauds du globe (Proche-Orient, Congo, ...) ; mais elle a échoué à imposer ses décisions aux Grands (Hongrie 1956, guerre du Vietnam, etc.) ;
- *dans une action humanitaire :* aide aux réfugiés, lutte contre l'analphabétisme et les maladies, contre la drogue, contre l'apartheid*, etc. ; vote de la Déclaration universelle des droits de l'homme en 1948 ;
- *dans l'assistance financière et technique* aux projets de développement dans les pays du Tiers-Monde.

L'O.N.U. joue un rôle important en permettant aux Petits de s'exprimer face aux Grands ; mais elle est trop souvent dépendante des égoïsmes nationaux et des surenchères démagogiques.

Le fonctionnement de l'O.N.U.

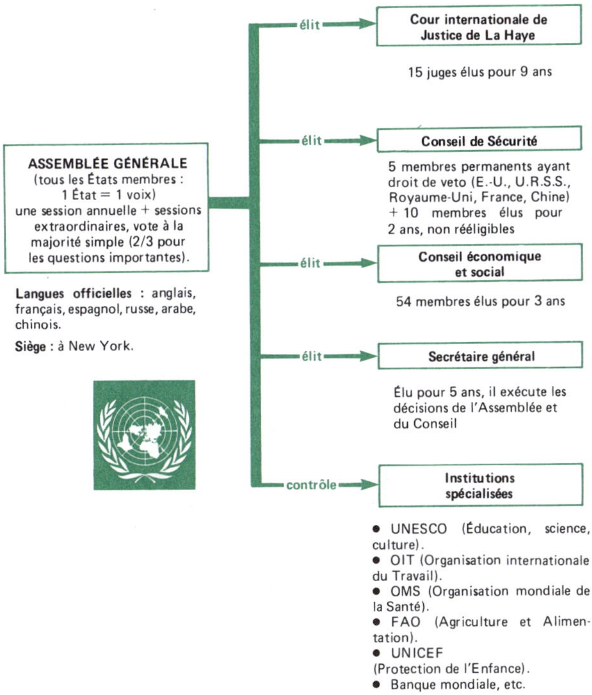

Déclaration universelle des droits de l'homme
(extraits)

«Art. 1. – Tous les êtres humains naissent libres et égaux en dignité et en droits. Ils sont doués de raison et de conscience et doivent agir les uns envers les autres dans un esprit de fraternité.
Art. 2. – Chacun peut se prévaloir de tous les droits et libertés proclamés dans la présente déclaration, sans distinction aucune, notamment de race, de couleur, de sexe, de langue, de religion, d'opinion politique ou autre, d'origine nationale ou sociale, de fortune, de naissance ou de toute autre situation.
Art. 3. – Tout individu a droit à la vie, à la liberté et à la sûreté de sa personne.
Art. 5. – Nul ne sera soumis à la torture...
Art. 9. – Nul ne peut être arbitrairement arrêté, détenu ni exilé.
Art. 19. – Tout individu a droit à la liberté d'opinion et d'expression...
Art. 23. – Toute personne a droit au travail,... et à la protection contre le chômage. Tous ont droit à un salaire égal pour un travail égal.
Art. 26. – Toute personne a droit à l'éducation... L'éducation doit viser au plein épanouissement de la personnalité humaine et au renforcement du respect des droits de l'homme et des libertés fondamentales. Elle doit favoriser la compréhension, la tolérance et l'amitié entre toutes les nations.»

1. Recherchez les passages relatifs à la liberté, à la sûreté, à l'égalité.
2. 40 ans après, peut-on dire que ce texte est universellement respecté ? Citez des exemples de son non-respect.
3. Connaissez-vous une autre Déclaration des droits de l'homme ? Laquelle, et quelle est sa date ?

17. La décolonisation et la montée du Tiers-Monde

A partir de 1945 un grand mouvement de décolonisation conduit à l'indépendance les anciens empires coloniaux ; un «Tiers-Monde»* apparaît à côté des mondes socialiste et occidental.

I. Les grandes étapes de la décolonisation

A. Une idée née après la Première Guerre mondiale :

- la puissance et le prestige de l'Europe sortent affaiblis du conflit ;
- on voit grandir des *mouvements nationalistes* dirigés par les élites intellectuelles des pays dominés (Gandhi en Inde), parfois influencées par le marxisme (Hô Chi Minh en Indochine) ;
- la 2e Guerre mondiale sert de révélateur au mouvement qui couvait.

B. Après 1945, encouragés par les États-Unis, l'U.R.S.S. et l'O.N.U., **les colonies réclament leur indépendance** au nom du droit des peuples à disposer d'eux-mêmes.

- *le mouvement commence en Asie* : les Anglais accordent l'indépendance à l'Inde et au Pakistan en 1947 ; en revanche la Hollande en Indonésie, la France en Indochine s'engagent dans des combats sanglants qui durent plusieurs années ;
- *puis il gagne l'Afrique du Nord* : en 1954 éclate l'insurrection algérienne, où partisans de l'Algérie française et tenants de l'indépendance aidés par l'ensemble du monde arabe s'affrontent violemment (indépendance consacrée par les accords d'Evian, 1962).
- *l'Afrique Noire* enfin s'émancipe progressivement et pacifiquement (excepté au Zaïre, ex-Congo belge, et en Angola portugais).

II. Des voies difficiles pour le Tiers-Monde

A. 29 pays afro-asiatiques indépendants se réunissent à Bandoung en 1955. Cette conférence marque l'acte de naissance du Tiers-Monde* ; ce dernier veut s'affirmer comme un nouveau bloc politique qui refuse le colonialisme et le racisme et manifeste sa volonté de non-alignement*.

B. D'énormes problèmes de développement se posent cependant :

- *économie déséquilibrée* : prépondérance d'un secteur primaire* archaïque ; sous-industrialisation ;
- *grande pauvreté* : face à l'explosion démographique, le manque de productivité et d'emplois entraîne famine et misère ;
- *rapports difficiles avec les pays développés* qui fournissent capitaux et aide technique (coopération), mais ne sont pas désintéressés (mainmise sur les matières premières et les cultures d'exportation ; ingérence politique parfois).

Un sous-développement qui s'aggrave, des États fragiles qui sont souvent des foyers d'agitation : le Tiers-Monde apparaît de plus en plus comme un enjeu entre les deux blocs.

Le sens de la conférence de Bandoung
(d'après Aimé Césaire, député noir de la Martinique)

«Que s'est-il passé de mémorable à Bandoung ? Ceci : qu'un milliard cinq cents millions d'hommes se sont réunis pour proclamer que l'Europe n'avait plus la vocation pour diriger le monde, pour proclamer que la domination européenne sur les parties non européennes du globe avait conduit à une impasse dont il importait de sortir...»

La décolonisation de l'Afrique et de l'Asie

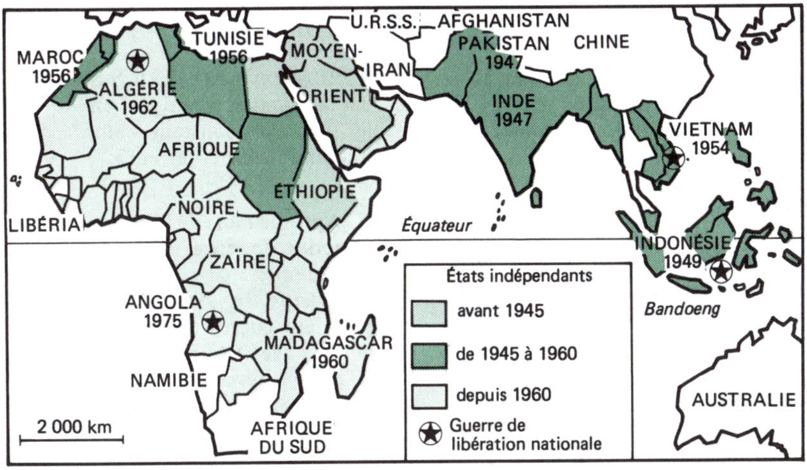

1. Quels sont les objectifs communs des nations de Bandoung ? Sur quels principes reposent-ils ? Par quels moyens ces nations espèrent-elles les faire triompher ?
2. Quelle a été l'importance historique de la conférence de Bandoung ?
3. Quelles sont les principales étapes de la décolonisation ?
4. Dans quels pays des guerres de libération ont-elles éclaté ?

La conférence afro-asiatique de Bandoung

«La conférence est d'accord :

1. Pour déclarer que le colonialisme, dans toutes ses manifestations, est un mal auquel il doit être mis fin rapidement ;
2. Pour déclarer que la question des peuples soumis à l'assujettissement à l'étranger, à sa domination ou à son exploitation constitue une négation des droits fondamentaux de l'homme, est contraire à la charte des Nations-Unies et empêche de favoriser la paix et la coopération mondiales ;
3. Pour appuyer la cause de la liberté et de l'indépendance de ces peuples ;
4. Pour demander aux puissances intéressées qu'elles accordent la liberté et l'indépendance de ces peuples.»

Extrait du communiqué final (24 avril 1955).

18. Les relations internationales depuis 1945

Au lendemain de la guerre, États-Unis et U.R.S.S. dominent un monde divisé en deux blocs souvent prêts à s'affronter. De 1945 à nos jours alternent crises et périodes de détente.

I. De la formation des blocs à la guerre froide (1945-1962)

A. Un monde tiraillé entre les États-Unis et l'U.R.S.S. :

- à partir de 1945, *la mainmise de Staline sur l'Europe de l'Est* s'affirme, tandis qu'en 1947, les États-Unis proposent leur aide financière à l'Europe *(plan Marshall) ;*
- *en 1947, c'est la rupture :* l'Europe occidentale accepte l'aide américaine, l'Europe orientale s'isole derrière le «rideau de fer».

B. De 1947 à 1953, la tension internationale monte :

- 1948-1949 : *blocus de Berlin* par les Soviétiques ; 1950 : *guerre de Corée ;*
- *les deux blocs renforcent leurs alliances* (O.T.A.N.* pour les États-Unis, Comecon* et pacte de Varsovie* pour l'U.R.S.S.); deux États allemands se constituent : R.F.A. et R.D.A. ,
- *ils réarment* et l'U.R.S.S. se dote de la bombe atomique en 1949 : le monde s'installe alors dans l'«équilibre de la terreur».

C. Après la mort de Staline en 1953, périodes de crise et de détente se succèdent :

- *détente en 1954-55 :* fin de la première guerre d'Indochine, traité de paix avec l'Autriche ;
- *1956 : révolte hongroise* écrasée par les Soviétiques ; *crise de Suez* après la nationalisation du canal par l'Égyptien Nasser ;
- *en 1961, le «mur de Berlin»* accentue la division de l'Europe ;
- *l'affaire des fusées installées par les Soviétiques à Cuba en 1962* provoque une très grave tension entre les États-Unis et l'U.R.S.S.

II. Depuis 1962 : la coexistence pacifique malgré les crises

A. La détente (1964-1973) :

- *volonté de paix* de la part des deux «Grands» (établissement du télétype rouge, arrêt des explosions nucléaires, démilitarisation de l'espace, accords S.A.L.T.) ;
- *les blocs évoluent et deviennent des zones d'influence* avec leurs problèmes internes (la France quitte l'O.T.A.N., en 1966 ; l'U.R.S.S. intervient en Tchécoslovaquie 1968);
- cependant la détente n'exclut pas les *conflits localisés* (Vietnam, guerres israélo-arabes).

B. A partir de 1973, la crise économique entraîne la déstabilisation* du monde :

- *problèmes liés au Tiers-Monde* :* dialogue Nord-Sud, guerres civiles, révolution islamique (Iran), etc. ;
- *nouveaux rapports entre les «Grands»* où se côtoient concessions et coups de force (invasion de l'Afghanistan par les Russes en 1979, problèmes des euromissiles...);
- *persistance de «guêpiers»* comme le Moyen-Orient, l'Amérique centrale...

Quelques définitions

Euromissiles : missiles basés en Europe par des pays européens ou non.

Guerre froide : opposition entre les États-Unis et l'U.R.S.S. sans conflit armé.

Plan Marshall : aide offerte par les États-Unis après la guerre pour la reconstruction de l'Europe.

R.D.A. : République Démocratique Allemande, fondée en 1949, appartenant au bloc socialiste.

R.F.A. : République Fédérale Allemande, créée en 1949 à l'initiative des Occidentaux.

S.A.L.T. (accords) : ***Strategic Arms Limitation Talks ;*** discussions sur la limitation des armes stratégiques entre Russes et Américains.

L'Europe divisée en deux blocs

1. Quels États appartiennent au bloc occidental, lesquels au bloc socialiste ?
2. Quelle est la situation de l'Europe en 1947 ?
3. Pourquoi les États-Unis proposent-ils leur aide ?

L'aide américaine : le plan Marshall (1947)

«La situation actuelle de l'Europe met en danger l'établissement d'une paix durable, et l'intérêt national des États-Unis. La politique des États-Unis est d'encourager les pays d'Europe, grâce à une organisation commune, à déployer les efforts qui réaliseront rapidement cette coopération économique de l'Europe, laquelle est essentielle à une paix et à une prospérité durables... La politique des États-Unis est de soutenir et de renforcer les principes de liberté individuelle et la véritable indépendance de l'Europe, en accordant leur aide aux pays qui participent à un programme commun de relèvement.»

19. La Chine de 1945 à nos jours

Pays le plus peuplé du monde avec plus d'un milliard d'habitants, la Chine est aujourd'hui le 2e Grand du socialisme et poursuit une voie originale pour parvenir au développement.

I. La victoire des communistes chinois (1949)

A. Après plus de trente ans de troubles, **les communistes dirigés par Mao Zedong** l'emportent sur les nationalistes et proclament la République Populaire de Chine (1949).

B. Dans un pays pauvre, attardé, figé dans ses traditions, **le gouvernement s'inspire d'abord du modèle soviétique** : un parti unique (le parti communiste), collectivisation des terres, priorité à l'industrie lourde, avec l'aide technique et financière de l'U.R.S.S. pour le plan quinquennal 1953-57.

II. Le maoïsme

A. A partir de 1958, la «voie chinoise» cherche à mieux s'adapter aux réalités du pays : abandon du socialisme à la soviétique, jusqu'à la rupture avec Moscou en 1960 :

- *de 1958 à 1960, politique ambitieuse du «Grand Bond en avant»* mise en place par Mao : toute la population mobilisée au sein des *Communes populaires,* avec implantation d'industries dans les campagnes ;
- *c'est un échec ;* le retour de la famine explique l'abandon de l'idéologie et le triomphe des «réalistes» avec Liu Shaoqi.

B. Mais Mao, qui préconise un communisme pur et dur, revient en force en 1966 en lançant **la «Grande Révolution Culturelle Prolétarienne».**

- *Mao s'appuie sur les jeunes (Gardes Rouges) ;* il combat les intellectuels et les dirigeants accusés de «révisionnisme» ;
- *la période de 1969 à 1976 correspond à une stabilisation* sous l'égide du premier ministre *Zhou Enlai :* un bilan économique mitigé mais la disparition de la famine peut être considérée comme une réussite : «un bol de riz pour tous».

III. L'après-Mao (depuis 1976)

A. La tendance réaliste reprend le dessus en 1976, avec de nouveaux dirigeants *(Deng Xiaoping),* un parti modernisé, des cadres rajeunis.

B. Les orientations récentes vont dans le même sens :

- *plan de dix ans donnant la priorité au développement économique* (les «Quatre Modernisations») ;
- *disparition progressive des Communes populaires* au profit des équipes familiales ;
- *ouverture vers l'Occident :* établissement de relations avec le Japon, l'Europe, les États-Unis.

Quelques définitions

Communes populaires : créées en 1958, elles regroupent des coopératives de production agricole ; elles se divisent en brigades ; elles assurent la gestion des petites industries et l'administration. Mises en sommeil depuis 1980.

Gardes rouges : étudiants chinois au service de Mao pendant la Révolution culturelle ; ils sont chargés d'éliminer toute influence ancienne.

Mystique et utopie : le Grand Bond en avant

«La pauvreté pousse au changement, à l'action, à la révolution. Une feuille blanche offre des possibilités infinies : on peut y dessiner ou écrire ce qu'il y a de plus nouveau, de plus beau...»

«Le monde entier sera stupéfait quand il apprendra que nous produirons 11 millions de tonnes d'acier l'an prochain et 17 millions l'année d'après. Si nous atteignons 40 millions dans cinq ans, peut-être arriverons-nous à rattraper l'Angleterre dans sept ans. Huit ans plus tard, ce sera le tour des États-Unis.»

Mao Zedong, 1958.

Portrait du «Grand Timonier», Mao Zedong (1893-1976)

D'une famille paysanne, il fonde le parti communiste chinois en 1921 et commence à organiser la révolution dans les campagnes. En 1931, il crée une république soviétique en Chine du Sud mais il est obligé de se replier vers le Nord (Longue Marche). A l'issue de la guerre contre le Japon, puis de la guerre civile, il prend la tête de la jeune république chinoise (1949) qu'il dirige jusqu'à sa mort malgré des périodes de controverses. Poète, écrivain politique , idéologue de la révolution, il pense que la paysannerie doit être le moteur de celle-ci. La «pensée Mao Zedong», contenue dans le «petit livre rouge», triomphe au moment de la révolution culturelle. Depuis sa mort, les idées de Mao sont contestées (procès de la «Bande des Quatre» parmi lesquels figure la veuve de Mao). Est-ce la fin d'un mythe ?

L'après-Mao : les «Quatre Modernisations»

«En 1978, nous avons lancé un vaste programme que nous appelons les 4 modernisations : modernisation de l'industrie chinoise, de l'agriculture, du secteur scientifique et technologique et de la défense nationale.»

Deng Xiaoping (fin 1979)

Repères chronologiques

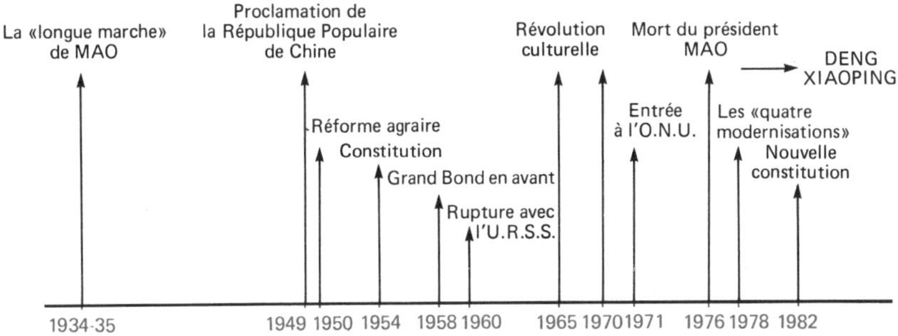

20. L'U.R.S.S. de 1945 à nos jours

La Seconde Guerre mondiale a durement éprouvé l'U.R.S.S., mais en a fait une «Superpuissance». La mort de Staline en 1953 est suivie d'un brusque changement d'orientation.

I. L'apogée du stalinisme (1945-1953)

A. Maître d'un pays ruiné (20 millions de morts), **Staline** réussit pourtant à s'imposer comme le grand vainqueur de la guerre et à renforcer son prestige :

- *il agrandit son pays* en direction de la Baltique et de l'Europe centrale ;
- *il étend sa domination sur l'Europe orientale* et devient le maître du camp socialiste ;
- *il reconstruit l'économie* en privilégiant l'industrie lourde et l'armement : l'U.R.S.S. est la 2e puissance mondiale.

B. L'envers du décor :

- le «petit père des peuples» profite de sa popularité pour faire régner la *terreur* : déportation de millions de personnes dans les camps de Sibérie (le *goulag*) ;
- un grand retard persiste dans l'agriculture et *le niveau de vie reste très bas.*

II. Khrouchtchev et la déstalinisation (1953-1964)

A. Un nouvel esprit se manifeste à la mort de Staline avec l'aspiration des Soviétiques à plus de libertés. L'Ukrainien **Khrouchtchev,** maître du parti, puis du gouvernement, fait au XXe Congrès du P.C. (1956) le procès de Staline : l'ère de la *déstalinisation* commence.

B. Une détente affecte les relations internationales :

- *les rapports Est-Ouest s'améliorent* (voyages de Khrouchtchev aux États-Unis et en France) : c'est le début de la «coexistence pacifique».
- il reste *des échecs : rupture avec la Chine*, absence d'accord sur l'Allemagne, affaire des fusées de Cuba.

C. Les résultats économiques restent mitigés :

- malgré une volonté de dépasser les États-Unis et des succès dans la conquête de l'espace (*Spoutnik*, 1957), beaucoup de déceptions sont enregistrées, particulièrement dans l'agriculture ; le retard économique persiste ;
- Khrouchtchev, accusé de gestion désordonnée, doit se retirer en 1964.

III. L'évolution récente (depuis 1964)

A. Brejnev dirige de 1964 à 1982 :

- *la politique extérieure* est plus ouverte vers l'Occident sans abandon des visées expansionnistes et de la pression sur l'Europe orientale (crise tchèque, Pologne) ;
- *l'économie progresse mais s'essouffle* (résultats agricoles médiocres, niveau de vie stationnaire) ;
- *la répression* reste dure vis-à-vis des intellectuels dissidents.

B. L'avènement de Gorbatchev (54 ans) marque une étape nouvelle.

Quelques définitions

Déstalinisation : dénonciation à partir de 1956 des crimes de Staline et du culte de la personnalité.

Goulag : camp de travail forcé pour les contestataires.

Spoutnik : premier satellite artificiel envoyé dans l'espace (1957).

L'U.R.S.S. sous Staline : Staline jugé par sa fille

«Dans la famille où je suis née, où j'ai grandi, rien n'était normal, tout était suffocant, et le suicide de ma mère témoigne de notre désarroi.

Les murs du Kremlin tout autour de moi. La police secrète au foyer, à la cuisine, à l'école. Au-dessus de tout ça, un homme vidé, endurci, solitaire, qui s'était coupé, de son propre gré, de ses compagnons d'autrefois, de ses amis, de tous ceux auxquels il tenait, et, en fait, du monde entier, et qui, avec quelques complexes, avait reconverti notre pays en une prison, dans laquelle tout être vivant, dès qu'il pensait un tant soit peu, était assassiné ; un homme qui provoquait à lui seul la terreur et la haine de millions d'hommes : mon père.»

Svetlana Alliluyeva, *En une seule année*

Repères chronologiques

L'U.R.S.S. après Staline

1953 : Mort de Staline
1956 : XXe Congrès du P.C. Déstalinisation ; révolte hongroise.
1957 : Ier Spoutnik dans l'espace.
1960 : Rupture avec la Chine.
1961 : Gagarine premier cosmonaute.
1962 : Crise des fusées à Cuba.
1964 : Khrouchtchev écarté du pouvoir.
1965 : Brejnev 1er secrétaire du P.C.
1968 : Intervention militaire en Tchécoslovaquie.
1971 : IXe Plan
Priorité aux industries légères
(biens de consommation).
1975
1976 : Xe Plan
Retour à l'austérité ;
Priorité aux industries lourdes.
1979 : Invasion de l'Afghanistan.
1980
1982 : Mort de Brejnev ; Andropov lui succède.
1984 : Mort d'Andropov ; Tchernienko le remplace.
1985 : Mort de Tchernienko ; Gorbatchev au pouvoir.

(1956–1964 : Khrouchtchev au pouvoir ; 1964–1982 : Brejnev au pouvoir)

1. Comment apparaît l'atmosphère familiale chez Staline ?
2. Quels traits du caractère et de la politique de Staline sont mis en évidence ?

21. Les États-Unis de 1945 à nos jours

La guerre renforce la prépondérance des États-Unis : puissance mondiale, ils représentent un modèle pour les pays capitalistes.

I. L'hégémonie américaine (1945-1960)

A. Un extraordinaire essor économique :
- symbole : le *«roi-dollar» ;*
- le plus haut *niveau de vie* du monde ;
- les *grandes firmes américaines* implantées dans le monde entier.

B. Une incontestable domination sur le monde «libre» :
- *aide économique* à l'Europe (plan Marshall) et au Japon ;
- mise en place d'un *système d'alliances* (O.T.A.N.*, O.T.A.S.E.*).

C. Des problèmes cependant :
- *un violent anticommunisme* se manifeste au temps de la guerre froide («chasse aux sorcières» organisée par le sénateur MacCarthy, procès Rosenberg) ;
- *l'agitation grandit parmi les Noirs ;*
- *l'économie tend à s'essouffler.*

II. Réussites et difficultés des années 60

A. Un dynamisme nouveau est insufflé par John Kennedy qui entre dans la légende après sa mort tragique à Dallas :
- *programme ambitieux :* la «Nouvelle Frontière» (disparition de la misère, paix dans le monde, développement de l'instruction ;
- reprise écon*omique* et succès dans la conquête de l'espace (le «défi américain»).

B. Mais les États-Unis sont troublés par :
- *l'agitation noire* qui se durcit entre 1965 et 1967 malgré la loi sur les droits civiques de 1964 ;
- *la guerre du Vietnam* qui porte atteinte au prestige américain, engendre l'inflation*, et provoque des manifestations, notamment d'étudiants.

III. Les États-Unis : du creux de la vague à la reprise (1970-1985)

A. L'économie américaine se dégrade dans les années 70 :
- *le dollar* affaibli n'est plus convertible* en or à partir de 1971, puis il est dévalué deux fois ;
- la hausse du prix du pétrole en 1973 entraîne une dure *récession* aggravée par le «second choc pétrolier*» de 1979.

B. Le pouvoir présidentiel est atteint par le scandale du Watergate et la personnalité terne de *Carter ;* depuis 1980, *Reagan* restaure l'image d'une Amérique forte.

En bref, un pays qui, malgré ses problèmes, reste solide et garde son titre de «Premier Grand».

Quelques définitions

Chasse aux sorcières : dénonciation de toutes les personnes suspectées de sympathies communistes.

Nouvelle Frontière : programme de développement proposé par le président J. Kennedy en 1960.

Rosenberg (époux) : arrêtés sous prétexte d'avoir livré des secrets atomiques aux Soviétiques, condamnés à mort et exécutés en 1953 après un procès retentissant.

Watergate : scandale électoral dans lequel le président Nixon se trouve compromis, ce qui l'amène à démissionner (1974).

Repères chronologiques

TRUMAN

1945 : Mort de Roosevelt ; le vice-président Truman lui succède.
1948 : Élection de Truman.
1950 : Début de la campagne anticommuniste (Maccarthysme).

EISENHOWER

1956 : Second mandat du général Eisenhower.
1957 : Le problème noir s'aggrave.

KENNEDY, puis JOHNSON

1962 : Crise cubaine ; guerre du Vietnam.
1963 : Assassinat du président Kennedy.
1964 : Le vice-président Johnson est élu en 1964.
1968 : Assassinat du pasteur noir M.-L. King. Élection de Nixon.

NIXON, puis FORD

1969 : Armstrong sur la Lune
1972 : Réélection de Nixon.
1973 : Fin de la guerre du Vietnam.
1974 : Démission de Nixon remplacé par le vice-président Ford.

CARTER

1976 : Élection de Carter.

REAGAN

1980-1984 : Élection et réélection de Reagan.

Le cours du dollar à la bourse de Paris de 1945 à 1985

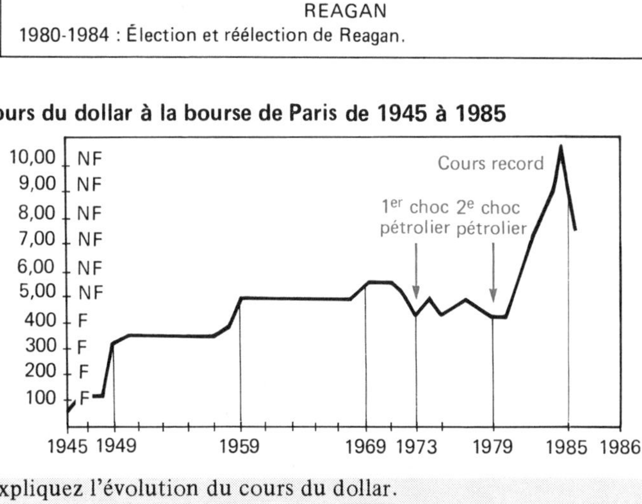

1. Expliquez l'évolution du cours du dollar.
2. Quelles sont les répercussions des chocs pétroliers sur le cours de la monnaie ?

22. La France sous la IVe République (1946-1958)

Au lendemain de la Libération, la IVe République se met en place, mais se révèle vite incapable de faire face aux problèmes politiques et coloniaux.

I. Réformes et instabilité politique

A. Le gouvernement provisoire dirigé, par le général De Gaulle, réinstaure la démocratie après le régime autoritaire de Vichy (chap. 14) ; la gauche l'emporte aux élections de 1945.

B. D'importantes réformes sont réalisées :
- *nationalisation** des charbonnages, du gaz, de l'électricité, de Renault, des grandes banques (Crédit Lyonnais, Société Générale, ...) ;
- *création de la Sécurité sociale ;*
- *droit de vote des femmes ;*
- *cependant, des divergences grandissent* entre les trois grands partis (P.C., S.F.I.O., M.R.P.) et De Gaulle qui, favorable à un régime présidentiel, démissionne en janvier 1946.

C. La constitution de 1946 donne un rôle essentiel à l'Assemblée nationale qui peut renverser le gouvernement :
- au «Tripartisme» succèdent en 1947 des *coalitions de centre-gauche* (les communistes entrent dans l'opposition) ;
- *l'instabilité ministérielle* règne entre 1946 et 1958 (22 gouvernements).

II. D'incontestables réussites économiques

A. L'ère de la reconstruction est suivie d'une période de croissance :
- l'aide américaine et les investissements de l'État favorisent *le relèvement économique ;* le rationnement disparaît en 1949 ;
- *succès techniques nombreux* (barrages sur le Rhône, pont de Tancarville, 4 CV Renault, Caravelle) ;
- *essor de l'idée européenne* avec Jean Monnet et Robert Schuman : C.E.C.A.* en 1951, C.E.E.* en 1957.

B. Mais des difficultés subsistent :
- *l'inflation** entraîne hausse des prix et mécontentement social ;
- *les problèmes coloniaux* aggravent le déficit financier et conduisent la IVe République à sa perte.

III. Le choc de la décolonisation

A. Deux guerres dramatiques :
- *la guerre d'Indochine,* terminée en 1954 par le désastre de Dien-Bien-Phu ;
- *la guerre d'Algérie* qui, déclenchée en 1954, s'envenime rapidement et amplifie l'instabilité politique.

B. L'insurrection du 13 mai 1958 à Alger entraîne la chute de la IVe République et le retour de De Gaulle au pouvoir.

Quelques définitions

M.R.P. : Mouvement Républicain Populaire, créé en 1944 par des résistants catholiques.

S.F.I.O. : Section française de l'Internationale ouvrière ; nom pris depuis 1905 par le parti socialiste.

Tripartisme : association des trois grands partis de 1945 à 1947 : P.C., S.F.I.O. et M.R.P.

La constitution de 1946

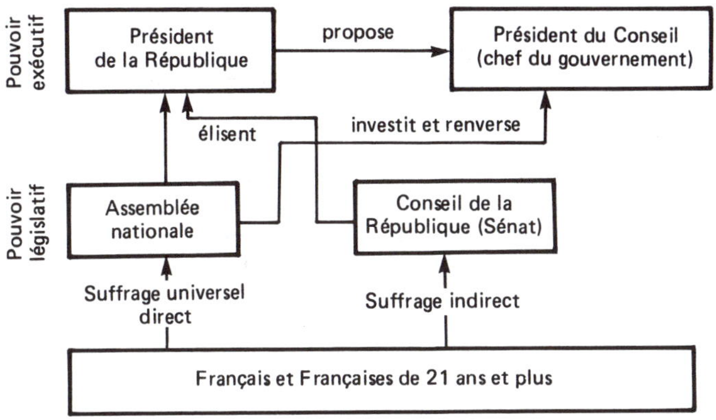

Les partis à l'Assemblée nationale après 1947

La vie politique est dominée par les modérés, les centristes et les socialistes qui constituent la «3e Force» entre les deux extrêmes.

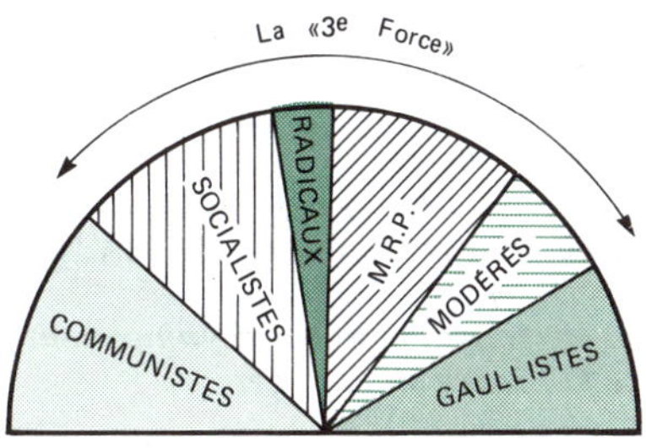

Quelques personnalités marquantes de la IVe République (plusieurs fois ministres ou chefs de gouvernement)

Georges Bidault (1899-1983) : démocrate-chrétien, fondateur du M.R.P.

Pierre Mendès-France (1898-1982) : radical-socialiste, maître à penser de la gauche réformatrice.

François Mitterrand (né en 1916) : chef de l'U.D.S.R. (Union Démocratique et Socialiste de la Résistance).

Guy Mollet (1905-1975) : secrétaire général du parti socialiste S.F.I.O.

Antoine Pinay (né en 1891) : chef de file des modérés.

Robert Schuman (1886-1963) : père de l'idée européenne.

Maurice Thorez (1900-1964) : secrétaire général du parti communiste.

23. La France sous la Ve République (depuis 1958)

Le retour du général De Gaulle en 1958 se traduit par la mise en place d'institutions stables.

I. La Constitution de 1958 (voir aussi chap. 28)

A. Approuvée massivement par les Français au referendum* de septembre 1958, **elle institue un exécutif fort** : De Gaulle est élu président de la République.

B. Elle est modifiée en 1962 : **l'élection du président de la République au suffrage universel** renforce encore son autorité.

II. De Gaulle au pouvoir (1958-1969)

A. Il est d'abord confronté au problème de la décolonisation :

- il renonce à l'«Algérie française» et parle d'autodétermination* ;
- *l'indépendance est accordée à l'Algérie en 1962 (accords d'Évian)* tandis que s'achève la décolonisation de l'Afrique noire.

B. Il affirme l'indépendance et la grandeur de la France :

- *en la dotant d'une «force de frappe» nucléaire ;*
- *en contestant l'hégémonie américaine* (la France quitte l'O.T.A.N.* en 1966) ;
- *en contribuant au rayonnement de la France à l'étranger.*

C. Il bénéficie d'une période d'expansion économique après la dévaluation de 1958 et la création du Nouveau Franc : essor industriel et politique d'aménagement du territoire.

D. Cependant, les problèmes sociaux et politiques aboutissent à **l'explosion de mai 1968** :

- l'agitation universitaire et «gauchiste» gagne le monde ouvrier : *le pays entier est bientôt paralysé ;*
- *De Gaulle rétablit la situation, mais démissionne en 1969* après l'échec du referendum* sur la régionalisation et la réforme du Sénat.

III. L'après-gaullisme (depuis 1969)

A. De 1969 à 1981, les orientations du gaullisme demeurent :

- *Georges Pompidou* incarne la continuité et profite d'une remarquable croissance économique ;
- *Valéry Giscard d'Estaing,* modéré, allié aux gaullistes, propose en 1974 le «changement sans le risque» face à la poussée de la gauche unie ; il met en place des réformes (vote à 18 ans, libéralisation de l'avortement) ; mais la crise économique mondiale entraîne chômage et inflation, ce qui contribue à la victoire de la gauche en 1981.

B. Avec François Mitterrand, la gauche s'installe au pouvoir :

- *un bref «état de grâce»* permet de réaliser des promesses électorales (les nationalisations, les 39 heures, la 5e semaine de congés payés...) ;
- *la rigueur* s'impose devant la persistance de la crise ; la gauche se divise et s'affaiblit.
- *les élections législatives de 1986.*

La Constitution de 1958

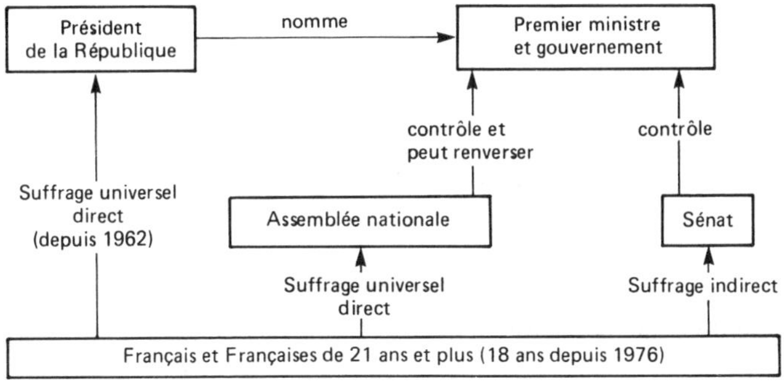

Charles De Gaulle (1890-1970)

Général en 1940, il entre dans le gouvernement Reynaud puis il gagne l'Angleterre où il lance son célèbre «appel du 18 juin».

Chef de la Résistance, il prend la tête du gouvernement provisoire en 1944, mais son désaccord avec la gauche à propos de la Constitution l'amène à démissionner en 1946. De sa retraite de Colombey, il organise le R.P.F. (Rassemblement du Peuple français) qui s'oppose à la IVe République. La crise de mai 1958 le ramène au pouvoir : il impose alors sa conception d'un pouvoir exécutif fort et dirige la France jusqu'à sa démission en 1969.

Repères sur la vie politique sous la Ve République

1958 : **De Gaulle président**
Michel Debré premier ministre.
1962 : Réforme de la Constitution.
Georges Pompidou premier ministre.
1965 : De Gaulle réélu au 2e tour.
1968 : Journées de mai 1968.
1969 : Démission de De Gaulle. **Pompidou président.**
Jacques Chaban-Delmas premier ministre.
1972 : Un «Programme Commun» unit les partis de gauche.
1974 : Mort de Pompidou. **Giscard d'Estaing président.**
Jacques Chirac premier ministre.
1976 : Raymond Barre premier ministre.
1978 : Courte victoire de la majorité présidentielle aux élections législatives.
1981 : **Mitterrand président ;** triomphe de la gauche aux législatives de juin 1981 ;
Pierre Mauroy premier ministre.
1984 : Laurent Fabius premier ministre.
1986 : Élections législatives.

24. Les progrès scientifiques et techniques

Ces quarante dernières années ont vu des progrès scientifiques et techniques spectaculaires : on parle de «troisième Révolution industrielle».

I. Progrès scientifiques

A. Dans le domaine des sciences de la vie :

- *médecine :* généralisation des antibiotiques, découverte de vaccins, utilisation de nouveaux médicaments, innovations en radiographie (scanner) et en biologie (laser) ;
- *chirurgie :* greffes d'organes, chirurgie à cœur ouvert, microchirurgie ;
- en *biologie,* découverte d'un acide fondamental : l'A.D.N. (acide désoxyribonucléique) ; la biologie moléculaire occupe une place de plus en plus grande.

B. Dans le domaine de l'énergie et des transports :

- *l'énergie nucléaire* sert à la propulsion des navires et à la production d'électricité ;
- *des carburants complexes* sont inventés pour l'aéronautique et l'aérospatiale.

II. Innovations technologiques

A. Le bond de l'électronique :
Transistors, circuits intégrés, microprocesseurs, ont permis une miniaturisation du matériel (micro-ordinateurs, mini-calculatrices, TV, magnétoscopes, Hi-Fi...) et une plus grande sécurité (radars, télécommandes).

B. La révolution informatique :

- *la télématique* utilise simultanément l'ordinateur, le téléphone, et l'écran de télévision ;
- *la robotique* ou automatisation diversifiée des machines (construction automobile) .

C. Les télécommunications connaissent un remarquable essor grâce aux satellites, câbles à fibres optiques.

D. La maîtrise de l'atome : outre les applications pacifiques, le nucléaire à usage militaire laisse peser une menace en raison de l'armement de plus en plus perfectionné.

III. La conquête de la planète et de l'espace

A. Grâce à la **télédétection** (observation par satellite), des données nouvelles ont enrichi l'étude du globe (volcans, climat, fonds océaniques).

B. L'aventure spatiale se poursuit, objet de compétition entre l'U.R.S.S., les États-Unis et l'Europe (fusées, navettes spatiales, laboratoires de l'espace...).

C. La radioastronomie (étude des rayonnements émis par les astres) permet d'avancer dans la connaissance de l'Univers.

Ces progrès, incontestables, posent des problèmes que l'homme doit s'efforcer de surmonter.

Les découvertes scientifiques et techniques

Biologie	Électronique
1953 : découverte de l'A.D.N. 1954 : vaccin contre la poliomyélite 1957 : laser 1958 : greffe du rein 1967 : greffe du cœur 1971 : invention du scanner 1978 : «bébé-éprouvette» 1983 : transplantation d'un cœur artificiel 1985 : recherche sur le SIDA	1948 : invention du transistor 1951 : TV couleur 1955 : ordinateurs électroniques 1964 : microprocesseur 1965 : satellite de télécommunications 1979 : fusée européenne Ariane 1982 : disque compact
Atome	**L'aéronautique et astronautique**
1942 : pile atomique 1945 : bombe atomique 1952 : bombe à hydrogène 1956 : centrale atomique 1973 : surgénérateur «Phénix» 1981 : bombe à neutrons	1944 : avion à réaction 1947 : vol supersonique 1957 : satellite artificiel 1961 : l'homme dans l'espace 1969 : l'homme sur la lune 1981 : navette spatiale

Que penser de la science moderne ?

Les uns admirent et s'enthousiasment pour les audaces de l'astrophysique et de la biologie moléculaire. Sans pouvoir réellement approfondir leurs connaissances, ils sentent la grandeur de cette étonnante aventure de l'esprit humain. Les autres sont surtout sensibles aux réalisations techniques que permettent les progrès des sciences : satellites de télécommunications, vol supersonique, exploration des planètes et du fond des océans. La puissance de l'homme atteint et dépasse dans certains domaines celle des dieux antiques. Mais il existe une troisième attitude, celle-ci toute d'inquiétude et de méfiance vis-à-vis des progrès scientifiques et en même temps, peut-être surtout, des progrès techniques qu'ils permettent. Où allons-nous avec ces machines, ces ordinateurs ? Ces aventures atomiques, spatiales, génétiques, ne vont-elles pas se terminer en catastrophe ?

Pierre Auger, ancien directeur du département des sciences de l'UNESCO, 1973

25. L'économie mondiale depuis 1945

Entre 1945 et 1973, parallèlement à la révolution technologique se produit une croissance économique exceptionnelle : l'économiste Jean Fourastié a baptisé «30 glorieuses» ces trente années de croissance interrompues brusquement par le premier choc pétrolier*.

I. 1945-1973 : une croissance spectaculaire

A. Des conditions favorables :
- l'Europe bénéficie de *l'aide américaine* (plan Marshall) ;
- une période d'*expansion démographique* après la guerre (baby-boom) ;
- une grande *stabilité monétaire ;*
- l'illusion d'une croissance sans crise.

B. Des résultats sans précédent :
- *meilleure productivité* grâce à des méthodes nouvelles : la production industrielle triple ;
- *le commerce international* progresse de façon spectaculaire (X 6) ;
- *consommation d'énergie* de plus en plus importante.

C. Une prospérité entretenue par la consommation :
- la *production de masse* et l'élévation du niveau de vie expliquent l'essor de la société de consommation ; le pouvoir d'achat moyen double en vingt ans ;
- *de nouveaux besoins* apparaissent : automobiles, électroménager, TV, Hi-Fi... ;
- le *crédit à la consommation* facilite les achats.

D. Changement de vie et de mentalités :
En même temps que s'améliorent le logement, l'alimentation, se développent la culture et les loisirs. Tout ceci est valable essentiellement pour l'Occident.

II. Une crise imprévue et durable

A. Dès 1973, la conjoncture change: les investissements se ralentissent, l'inflation* reprend, le chômage s'installe et grandit.

B. Les chocs pétroliers* de 1973 et 1979 servent de catalyseur à la crise : le prix du pétrole est multiplié par 20 en sept ans, l'O.P.E.P.* joue alors un rôle primordial sur la scène internationale.

C. L'économie mondiale est bouleversée par la cherté de l'énergie :
- *instabilité monétaire* et recours aux valeurs-refuges (or) ;
- *difficultés du commerce international ;*
- *recul des pays industrialisés* face notamment à la concurrence des pays-ateliers* du Sud-Est asiatique (difficultés de l'industrie lourde, sidérurgie, constructions navales, de l'automobile, du textile).

D. Un avenir incertain :
- *la reprise américaine* amorcée en 1980 reste fragile ; les fluctuations du dollar, devenu monnaie internationale, gênent les échanges ;
- *les pays européens* continuent de connaître des difficultés économiques (croissance zéro), sociales (persistance du chômage malgré les efforts des gouvernements), politiques (instabilité).

L'équipement des ménages en France

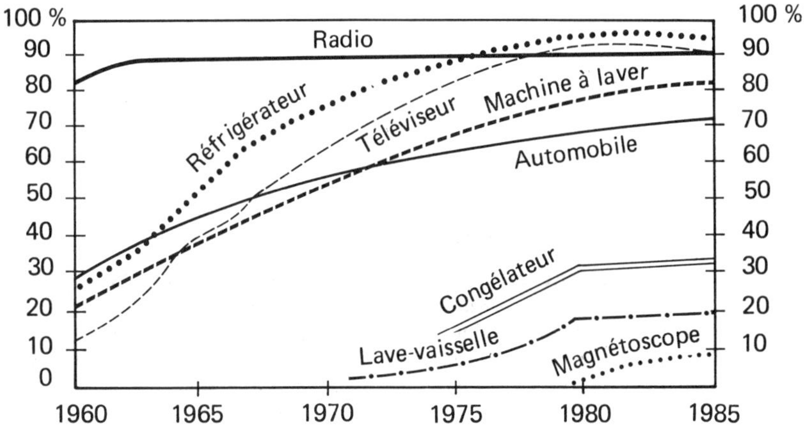

La crise pétrolière

Pays membres de l'O.P.E.P. (Organisation des Pays Exportateurs de Pétrole) : Iran, Koweit, Arabie Séoudite, Venezuela, Irak, Qatar, Indonésie, Libye, Abu Dhabi, Algérie, Nigeria, Équateur, Gabon.

Evolution du prix du baril de pétrole (entre 1970 et 1985)

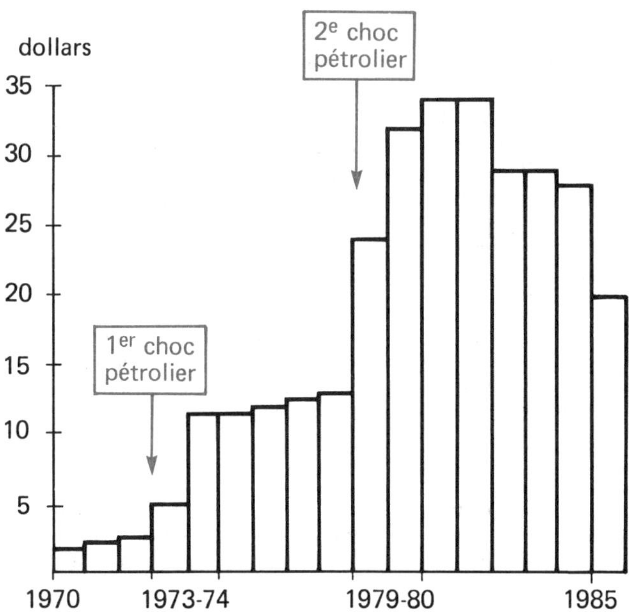

1 baril : 159 litres

1 tonne de brut : 7,3 barils

1. Comment évolue l'équipement des ménages ? Expliquez.
2. Que constatez-vous dans l'évolution du prix du pétrole ?

26. Croissance et développement

Le XXe siècle est marqué par une croissance économique remarquable. Mais toute l'humanité n'en profite pas de façon égale.

I. La croissance des pays industrialisés

A. Une croissance remise en cause :
- *à partir de 1950 et jusqu'en 1974,* les pays industrialisés (Amérique du Nord, Europe, Japon) connaissent une croissance régulière accompagnée d'une transformation des méthodes de production et de gestion (informatique) ;
- depuis *1974, ce rythme subit un net ralentissement* qui résulte en partie de l'augmentation du prix de l'énergie (chocs pétroliers*) ;

B. Une croissance inégale :
- *dans les pays capitalistes,* appuyée sur l'accélération technologique et des budgets Recherche-Développement importants, elle a permis l'élévation du niveau de vie mais se heurte actuellement au problème du chômage ;
- *dans le monde socialiste,* les progrès ont été moins rapides que prévu, la production des biens de consommation reste insuffisante.

II. Les difficultés des pays en voie de développement

A. Une croissance tardive et fragile :
- pays nouvellement indépendants pour la plupart, leur taux de croissance est généralement très inférieur à celui des pays industrialisés ; cependant de 1960 à 1973, leur revenu par habitant a progressé de 2,5 % par an en moyenne ;
- après 1973, le renchérissement de l'énergie a creusé des écarts entre *pays producteurs de pétrole et de matières premières* et «pays les moins avancés» (P.M.A.) ;
- les *Nouveaux Pays industriels* (Brésil, Corée du Sud, Taïwan, Singapour) profitent du bas prix de leur main-d'œuvre pour concurrencer Européens et Américains.

B. Des problèmes de développement:
- *démographie galopante,* et médiocre agriculture vivrière ;
- *sous-développement persistant* . retard technologique, manque de capitaux, dépendance vis-à-vis de l'étranger, déficit commercial.
- permanence du problème de la faim, du sous-emploi, de l'analphabétisme et de la misère (bidonvilles, faiblesse du P.N.B.*).

III. L'interdépendance pays développés - Tiers-Monde

A. Un constat : l'écart grandissant entre pays riches et pays pauvres.

B. Une nécessité : la solidarité :
- *un dialogue permanent* entre les pays industrialisés et les 77 pays en développement (conférences Nord-Sud) ;
- *une aide internationale* par des organismes spécialisés et sous plusieurs formes : d'État à État, publique ou privée.

C. Un danger : l'endettement global du Tiers-Monde a quintuplé de 1975 à 1986.

Vers un nouvel ordre économique international

Conférence Nord-Sud : rassemble en 1974 les pays producteurs de pétrole, les pays consommateurs et sous-développés.

C.N.U.C.E.D. (Conférence des Nations-Unies sur le commerce et le développement).

Organismes d'aide au Tiers-Monde :

Organisations des Nations-Unies : U.N.E.S.C.O. (éducation, science, culture), F.A.O. (agriculture et alimentation), O.M.S. (santé), B.I.R.D. (banque), U.N.I.C.E.F. (enfance), F.M.I. (Fonds Monétaire International).

O.N.G. (Organisations Non-Gouvernementales) : exemple : Terre des Hommes.

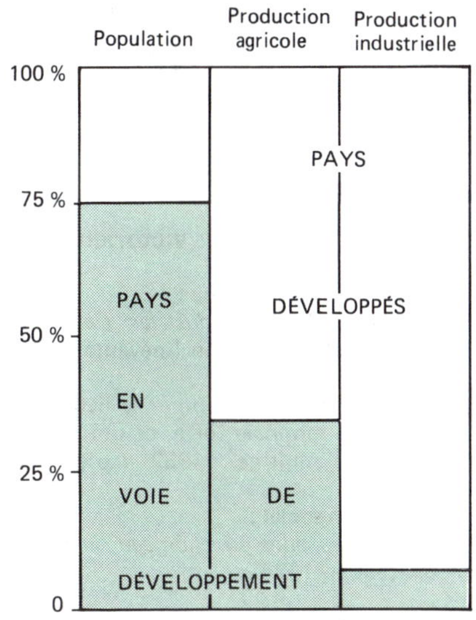

Les inégalités de développements

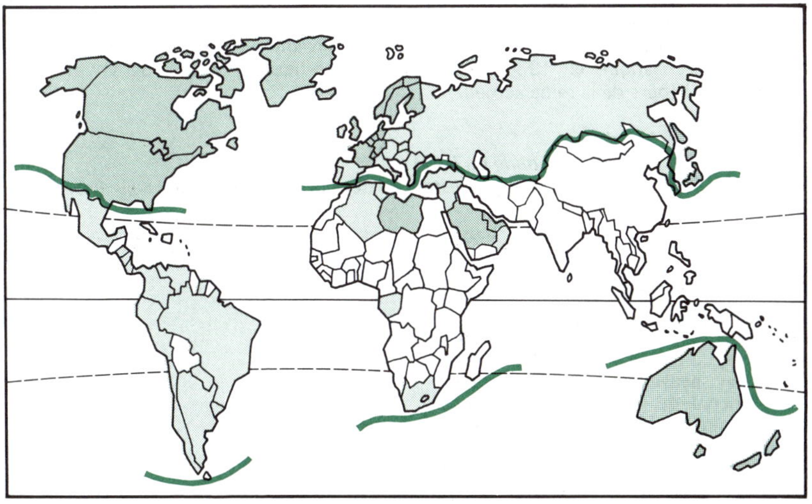

Produit national brut par habitant

plus de 8 000 dollars — 1 000 à 8 000 dollars — moins de 1 000 dollars

1. Quelle est l'importance respective des pays développés et des pays en voie de développement ?
2. Quels sont les pays riches ? Dans quels continents se trouvent-ils ?
3. Quels sont les pays les plus pauvres ? Dans quels continents se trouvent-ils?
4. Délimitez les pays du Tiers-Monde.
5. Pourquoi certains États du Tiers-Monde ont-ils un P.N.B. beaucoup plus élevé que d'autres ?

Quelques données sur le Royaume-Uni (de 1919 à 1939)

Un pays victorieux mais affaibli par la guerre...

- **au plan économique :**

– *difficultés des industries traditionnelles* (sidérurgie, textile, constructions navales) et du charbon (mévente, extraction difficile), renforcées par la crise de 1929) ;
– *problèmes monétaires :* la livre sterling affaiblie après la guerre redevient en 1925 une monnaie forte, ce qui nuit aux exportations ; la dévaluation (1931) et le protectionnisme* (1932) veulent remédier à la crise et relancer le commerce.

- **au plan social :**

– *tensions dues au chômage,* à la réduction des salaires : des grèves violentes éclatent en 1926.

- **au plan politique :**

– *période d'instabilité* où trois partis se disputent le gouvernement : travaillistes, libéraux, conservateurs ;
– *la question irlandaise* occupe le premier plan : insurgée en 1916, autonome en 1921, l'Irlande – sauf le nord (Ulster) – devient indépendante en 1937 ;
– *crise dynastique* en 1936 : Edouard VIII abdique en faveur de son frère George VI (père de la reine actuelle).

- **au plan colonial :**

– il reste *le premier du monde* en 1939 ;
– mais des *mouvements nationalistes* se développent en Inde et au Proche-Orient.

La livre trop forte...

«Le coût de la vie exprimé en or est maintenant si élevé en comparaison (des autres pays d'Europe) que les travailleurs de ces pays peuvent accepter des salaires-or inférieurs de 30 % à ceux de nos ouvriers sans souffrir le moins du monde de l'évolution de leurs salaires réels. Quoi d'étonnant à ce que nos exportations connaissent des difficultés ?»

J.-M. Keynes, 1925

... et dévaluée :

«La livre, devenue une monnaie bon marché, est à nouveau achetée par les étrangers ; les capitaux refluent vers la Cité... Les exportations, rendues plus faciles, augmentent de plus d'un tiers de 1932 à 1937. L'économie anglaise est sauvée...»

P. Reynaud, *Mémoires*

Quelques données sur le Japon (depuis 1945)

Un pays à genoux en 1945

vaincu par les États-Unis, traumatisé par la bombe d'Hiroshima, dévasté matériellement.

Un relèvement spectaculaire dans les années 1950

- *l'industrie japonaise se reconstruit avec l'aide américaine* au moment de la guerre de Corée (1950) ;
- *des facteurs favorables expliquent le «miracle» japonais :*

– un cadre économique libéral,
– une main-d'œuvre peu exigeante et disciplinée,
– une démographie comparable à celle de l'Europe grâce au contrôle des naissances.

Aujourd'hui le «Troisième grand»

- *une remarquable réussite industrielle et commerciale,* malgré la carence des matières premières et des sources d'énergie (spécialisation dans les techniques de pointe) ;
- *un pays touché par la crise* à partir de 1974 *mais dont la croissance continue* grâce à une politique d'austérité ;
- *un modèle* pour les pays asiatiques et pour le monde capitaliste.

Éléments d'explication au «miracle» japonais :

«Les employés ont fortement conscience d'appartenir à un même groupe, et le dévouement dont ils font preuve à l'égard de leur entreprise confine à la ferveur religieuse. Il n'y a pas un pays au monde où il y ait autant de gens intelligents et instruits qui travaillent aussi dur pour de maigres salaires...

Personne, en Angleterre n'accepterait de faire des heures supplémentaires sans être payé, et il n'y a pas un Français qui hésiterait à prendre quatre semaines de vacances de crainte que cela ne fasse du tort à son entreprise...»

Shuichi Kato, La reconstruction du groupe japonais *Japan Quarterly*

Années	1945 46 47 48 49 1950 51 52 53 54 1955 56 57 58 59 1960 61 62
Relations internationales	Doctrine Truman; Blocus de Berlin; O.N.U.; O.T.A.N.; Guerre de Corée; OTASE; Pacte de Varsovie; Hongrie; Suez; Mur de Berli; Cub; ← GUERRE FROIDE →
Économie et Science	Plan Marshall; CECA; Comecon; Le transistor; Traité de Rome (C.E.E.); Électricité nucléaire; Spoutnik; OPEP; 1er homme dans l'espac; Rayon laser
France	De Gaulle démissionne; Grèves; Gouv.t Mendès-France; De Gaulle revient ; Nouvelle Constitution
États-Unis	← Truman → ← Eisenhower → ←Kenned; ← Maccarthysme →
U.R.S.S.	Mort de Staline; ← Khrouchtchev et la déstalinisation; Rupture ave
Chine	Victoire de Mao Zedong; Alliance avec l'U.R.S.S.; 1er plan quinquennal; Grand Bond en avant
Tiers-Monde	Inde indépendante; ← Guerre d'Indochine →; État d'Israël; Indonésie indépendante; Bandoung; ← Guerre d'Algérie →; Maroc et Tunisie indépendants; Troubles du Congo belge; Indépendance de

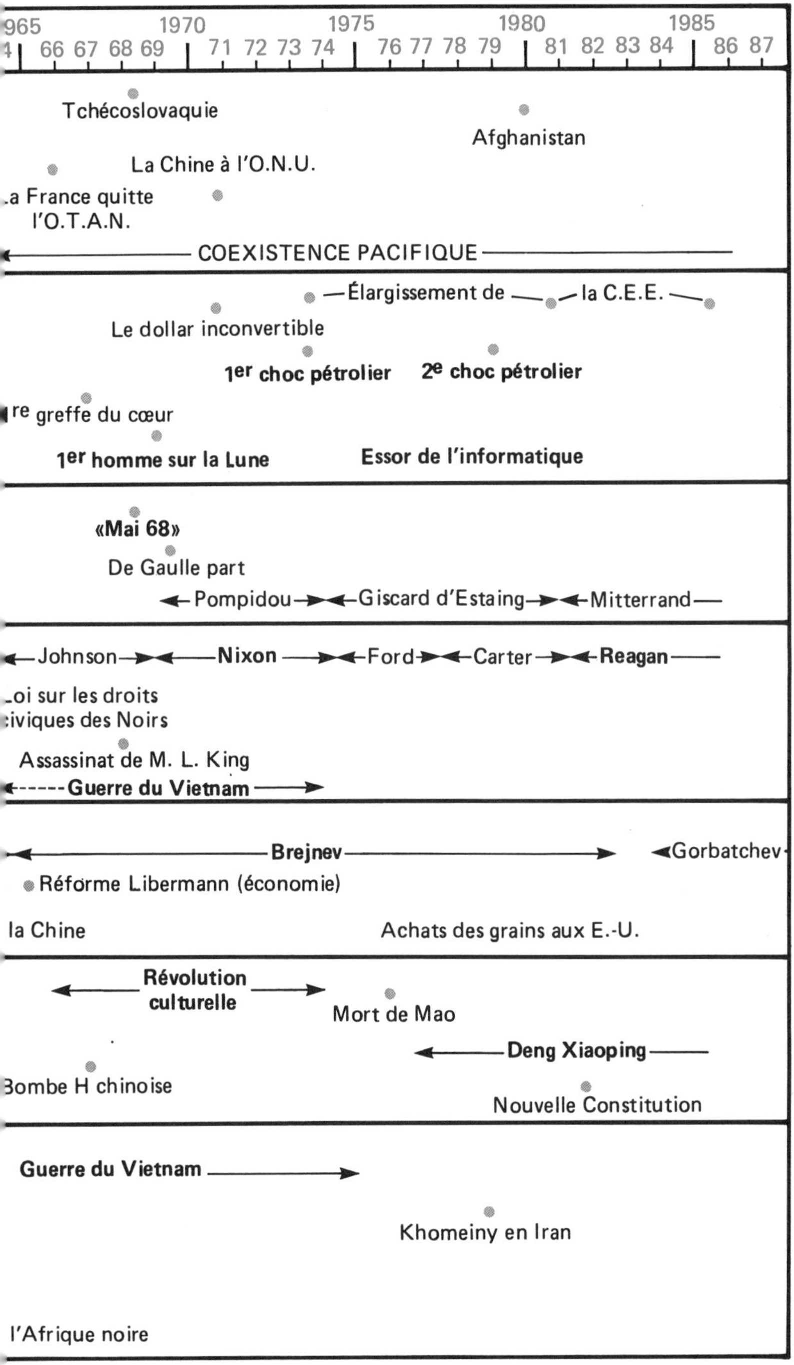
1965 1970 1975 1980 1985
66 67 68 69 71 72 73 74 76 77 78 79 81 82 83 84 86 87
Tchécoslovaquie
Afghanistan
La Chine à l'O.N.U.
La France quitte l'O.T.A.N.
COEXISTENCE PACIFIQUE
Élargissement de la C.E.E.
Le dollar inconvertible
1er choc pétrolier
2e choc pétrolier
re greffe du cœur
1er homme sur la Lune
Essor de l'informatique
«Mai 68»
De Gaulle part
Pompidou
Giscard d'Estaing
Mitterrand
Johnson
Nixon
Ford
Carter
Reagan
Loi sur les droits civiques des Noirs
Assassinat de M. L. King
Guerre du Vietnam
Brejnev
Gorbatchev
Réforme Libermann (économie)
la Chine
Achats des grains aux E.-U.
Révolution culturelle
Mort de Mao
Deng Xiaoping
Bombe H chinoise
Nouvelle Constitution
Guerre du Vietnam
Khomeiny en Iran
l'Afrique noire

27. L'espace français

La France, par sa dimension, sa situation, ses conditions naturelles, tient une place importante en Europe et dans le monde.

I. Un pays de l'Europe occidentale

A. Pays le plus vaste d'Europe après l'U.R.S.S. : 550 000 km^2.

B. De forme massive, elle peut s'inscrire dans un **hexagone** : 1 000 km du nord au sud et de l'est à l'ouest.

C. Une situation remarquable :
- à égale distance de l'Équateur et du pôle Nord, en zone tempérée ;
- occupant un isthme entre la Méditerranée et l'Atlantique ;
- au carrefour de plusieurs civilisations et courants de circulation.

II. Un relief varié

A. Des altitudes modérées : plaines, bas plateaux et collines couvrent les 2/3 du territoire.

B. Une opposition entre une **France basse au nord et à l'ouest** ; une **France élevée au sud et à l'est** et dans une moindre mesure **au centre-sud**.

C. Une lente **évolution géologique** a façonné :
- *les massifs anciens,* à l'ère Primaire ;
- *les bassins sédimentaires,* parisien et aquitain, au Secondaire ;
- *les montagnes jeunes* (Alpes, Jura, Pyrénées) au Tertiaire.

III. Un climat tempéré

A. L'influence de plusieurs éléments...
- la position géographique ;
- la proximité ou non de la mer ;
- la circulation atmosphérique à dominante d'ouest ;
- le relief : altitude, disposition, exposition des versants.

B. ... détermine quatre domaines climatiques :
- *océanique* à l'ouest : étés frais, hivers doux, précipitations en toutes saisons → forêt de feuillus, herbages ;
- *semi-continental* vers l'intérieur : étés chauds et orageux, hivers froids → forêt mixte de feuillus et de conifères ;
- *montagnard* : températures basses, précipitations abondantes, contrastes entre les versants → végétation étagée ;
- *méditerranéen,* au sud : étés chauds et secs, hivers doux, vents violents (mistral, tramontane), pluies brutales d'automne et de printemps → forêt claire, maquis, garrigue.

La France présente un espace naturel privilégié, favorable aux activités agricoles, industrielles et commerciales.

Grands ensembles du relief

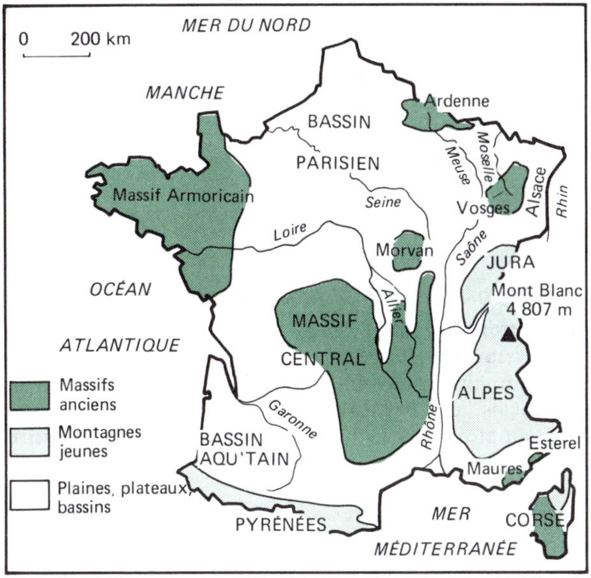

Les domaines climatiques

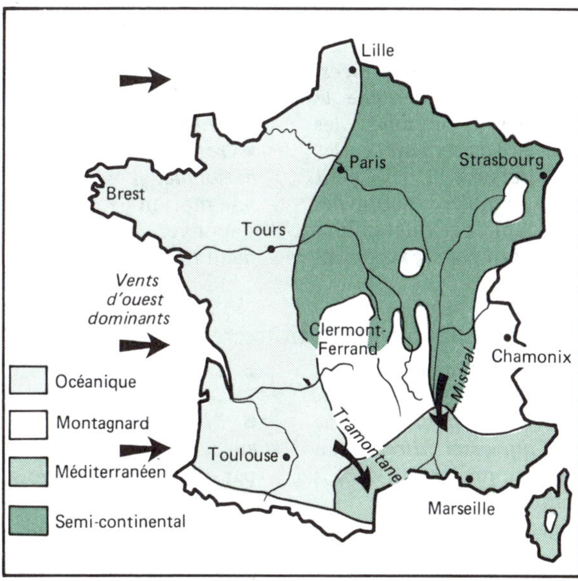

1. Repérez sur la carte les noms et localisations des principaux éléments du relief.

2. Quels sont les principaux domaines climatiques ? Expliquez leur localisation.

28. France : institutions

La France possède des institutions stables mises en place sous la Ve République.

I. Des institutions républicaines et démocratiques

A. La Constitution de 1958 reconnaît la souveraineté du peuple et la séparation des pouvoirs ; tous les Français et Françaises âgés de 18 ans au moins ont le droit de vote.

B. Depuis 1982, la décentralisation a transféré aux régions et aux départements une partie des compétences du pouvoir central.

C. Un conseil constitutionnel est chargé d'interpréter la Constitution.

II. Un régime semi-présidentiel fondé sur un exécutif fort

A. Le président de la République :

- *élu (depuis 1962) au suffrage universel pour sept ans,* réside à l'Élysée ;
- *chef de l'État, chef des armées,* il promulgue les lois, désigne le premier Ministre, nomme les membres du gouvernement et les hauts fonctionnaires ; il peut dissoudre l'Assemblée nationale, consulter le peuple par referendum et détenir des pouvoirs exceptionnels (art. 16 de la Constitution).

B. Le gouvernement :

- dirigé par le *premier Ministre,* composé de ministres et de secrétaires d'État, il conduit la politique de la Nation ;
- *responsable devant l'Assemblée nationale,* il peut être renversé par une motion de censure ; aussi doit-il s'appuyer sur une majorité parlementaire.

III. Un pouvoir législatif exercé par le parlement

A. L'Assemblée nationale (siège au Palais-Bourbon) :

- *586 députés élus pour cinq ans au suffrage universel direct* (au scrutin proportionnel en 1986) ;
- elle discute les projets de lois, vote le budget, contrôle le gouvernement ; en cas de désaccord avec le Sénat, elle conserve le dernier mot.

B. Le Sénat (siège au Palais du Luxembourg) :

- *317 sénateurs élus pour neuf ans au suffrage indirect,* renouvelables par tiers tous les trois ans, représentent les collectivités locales.

C. Le Conseil économique et social :

- *200 membres* représentant les organisations professionnelles, familiales, etc. ; son rôle est consultatif.

En conclusion, des institutions solides mais à condition que le président dispose d'une majorité parlementaire.

Quelques définitions

Collectivités locales : circonscriptions administratives locales (communes, départements, régions).

Referendum : vote des citoyens pour répondre à une question posée par l'exécutif.

Scrutin proportionnel : on divise le nombre de suffrages exprimés par le nombre de sièges à pourvoir ; le quotient électoral obtenu correspond au nombre de voix nécessaires pour obtenir un siège.

Semi-présidentiel : régime où le gouvernement est nommé par le chef de l'État comme dans un régime présidentiel, mais est responsable devant l'Assemblée nationale comme dans un régime parlementaire.

Suffrage indirect : système électoral dans lequel les citoyens mandatent des «grands électeurs» pour l'élection définitive.

Motion de censure : proposition déposée par au moins un dixième des députés ; votée par la majorité absolue des députés, elle oblige le gouvernement à démissionner.

Le rôle du président de la République selon De Gaulle

«Il appartient au président de la République, au chef de l'État, de maintenir les institutions dans leur esprit et dans leurs termes, et d'orienter la politique de la France pour tout le temps qu'il est, seul, le mandataire du peuple français tout entier.»

△ A partir de ce texte, montrez l'importance du pouvoir exécutif.

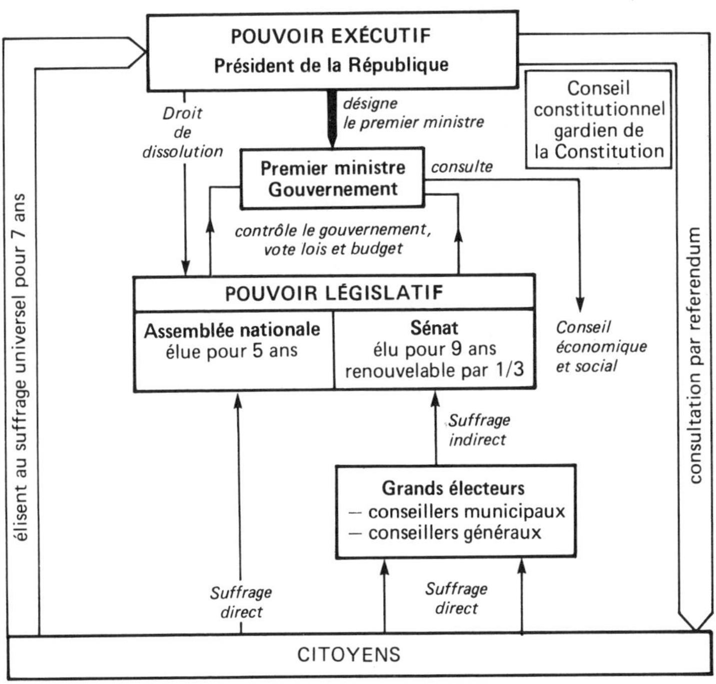

29. France : population

Avec 55 millions d'habitants, la France se place au 4e rang européen et au 16e rang mondial. Sa densité est de 100 habitants au km^2.

I. Aspects démographiques

A. Une population inégalement répartie :
- *peuplement dense* (plus de 100) : régions industrielles et urbaines, côtières et portuaires, agricoles spécialisées ;
- *faible densité* (moins de 40) : régions montagneuses, forestières, marécageuses, de grande culture céréalière.

B. Une croissance lente :
- *accroissement naturel faible* : taux de natalité en baisse (inférieur à 14 ‰) ; taux de mortalité stabilisé à 10 ‰ ; cependant la France du Nord plus jeune s'oppose à la France du Sud plus âgée ;
- *pyramide des âges vieillissante* depuis 1973, en raison de la chute de la natalité et de l'allongement de la durée de vie. Celle-ci est passée en deux siècles de 35 à 70 ans (et même 79 pour les femmes).

C. Une population mobile :
- *migrations intérieures* : vers les villes (80 % de citadins), interrégionales, définitives ou provisoires (travail, études, loisirs) ;
- *migrations extérieures* : émigration faible, mais immigration importante (4,5 millions d'étrangers en France, venant surtout des pays méditerranéens voisins, posant le problème de l'assimilation).

II. Aspects sociaux

A. La population active :
- *importance numérique* : 23,5 millions soit deux Français actifs sur cinq ; montée du travail féminin : une femme salariée sur trois ;
- *répartition par secteurs d'activité* : *primaire* (agriculture, forêts, pêche, mines) en chute : 8 % ; secondaire (industrie) en recul : 34 % ; tertiaire (services) en augmentation continue : 58 % ;
- *le chômage* demeure préoccupant : 2,5 millions au début de 1986.

B. Le niveau de vie a augmenté :
- les biens de consommation se sont accrus : équipement ménager, automobile ; voir chap. 25 ;
- la scolarisation progresse : doublement des effectifs et diplômés en 20 ans ;
- les Français partent de plus en plus nombreux en vacances.

C. Les inégalités sociales subsistent :
- entre les catégories socio-professionnelles, les régions, les sexes ;
- l'État s'efforce de réduire ces écarts : prélèvements et prestations ;
- des mouvements de défense des individus et des professions sont organisés : associations et syndicats.

Le dynamisme démographique s'affaiblit. La société française est en pleine mutation.

La concentration de la population

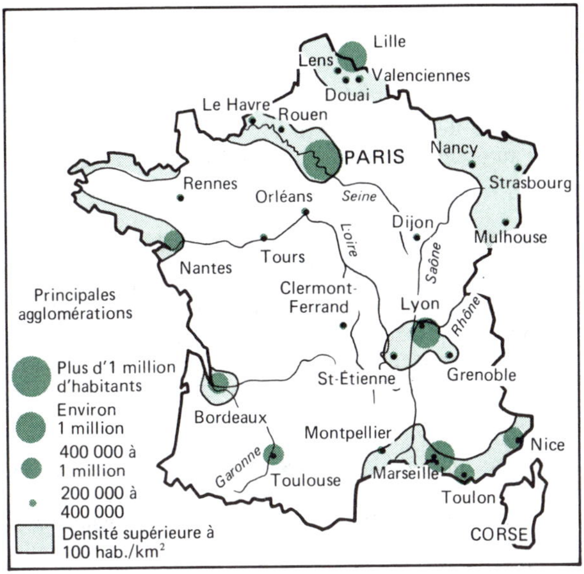

La pyramide des âges au 1/1/1984

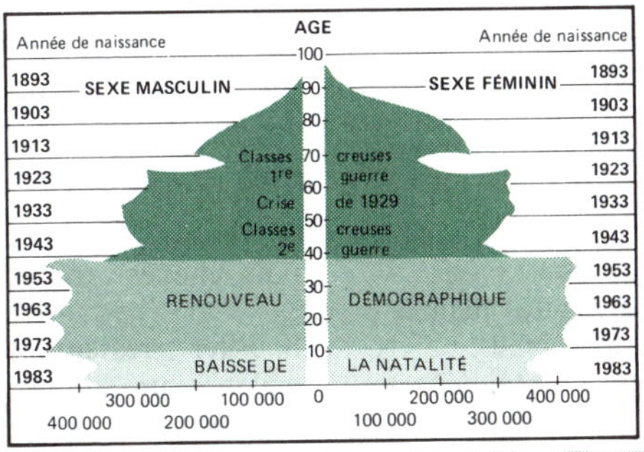

1. Dans quelles régions la population est-elle concentrée ? Pourquoi ?
2. Repérez les principales agglomérations.
3. A quels événements correspondent les creux dans la répartition des tranches d'âges (pyramide dite «en as de pique») ?
4. Que remarque-t-on dans la proportion hommes/femmes des personnes âgées ?

Les principaux syndicats en France

C.G.T. : Confédération Générale du Travail.
F.O. : Force Ouvrière.
C.F.D.T. : Confédération Française Démocratique du Travail.
C.G.C. : Confédération Générale des Cadres.
C.F.T.C. : Confédération Française des Travailleurs Chrétiens.
F.E.N. : Fédération de l'Éducation Nationale.

30. France : agriculture

La France dispose de la plus vaste superficie agricole de la C.E.E. Son agriculture figure au premier plan européen. (Tableau page 92.)

I. Les productions agricoles : le quart de la C.E.E.

A. Les cultures sont localisées en fonction des nuances climatiques, des sols, du relief : voir carte ci-contre.

- 1re production européenne de *céréales* : blé, maïs, orge, avoine ; un peu de riz en Camargue ; seigle et sarrasin ont presque disparu ;
- 2e *viticulture* du monde, après l'Italie ;
- cultures de *légumes, fruits et fleurs* en plein essor ;
- *cultures industrielles* : betterave à sucre (2e du monde), pomme de terre, lin, houblon, tabac, oléagineux (colza, tournesol).

B. L'élevage fournit le principal revenu des paysans : 60 %.

- 1er troupeau *bovin* d'Europe, destiné à la production de lait (races normande et française-frisonne) ou de viande (races charolaise et limousine) ;
- *ovins et porcs* se maintiennent ; chèvres et chevaux sont en déclin ;
- l'élevage des *volailles* s'industrialise ;
- *des problèmes délicats* se posent dans le cadre du Marché commun : concurrence, surproduction, baisse du revenu agricole : voir chap. 37.

II. Les forêts : premier ensemble de la C.E.E.

A. Elles couvrent le quart du sol français et se localisent :

- sur les sols pauvres des plaines et plateaux : feuillus et résineux ;
- dans les zones montagneuses : forêt étagée, de conifères surtout ; sapins, mélèzes, épicéas ;
- dans les régions méditerranéennes : pins, chênes verts, chênes-liège.

B. Elles restent sous-exploitées : malgré un important effort de reboisement, la production de bois ne suffit pas aux besoins du pays.

III. La pêche : troisième de la C.E.E.

A. Activité diversifiée :

- *pêches côtière, hauturière (en haute mer) et lointaine* de plus en plus industrialisées ;
- *ostréiculture* (huîtres), et *mytiliculture* (moules) sur l'Atlantique.

B. Activité concentrée dans la Manche et l'Atlantique : Boulogne (1er port de pêche) ; Bretagne sud.

C. Activité en crise :

- épuisement des fonds et délimitation des zones de pêche ;
- alourdissement des charges d'exploitation ;
- insuffisance de la production par rapport à la demande nationale. Celle-ci est pourtant faible (9 kg par habitant par an ; Japon 36).

Les grandes régions agricoles

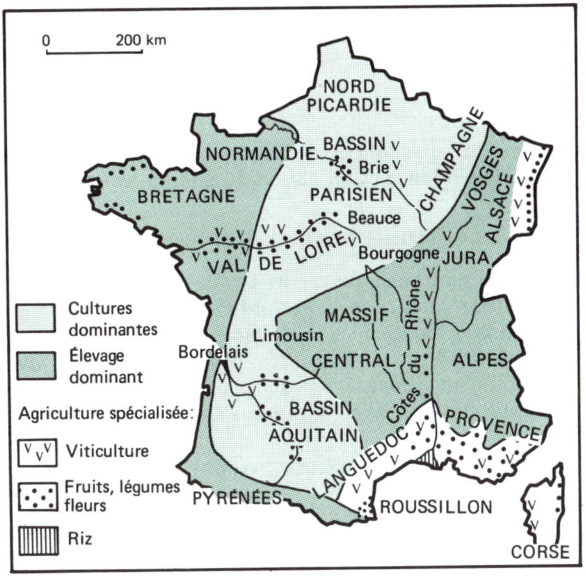

Forêts et pêche

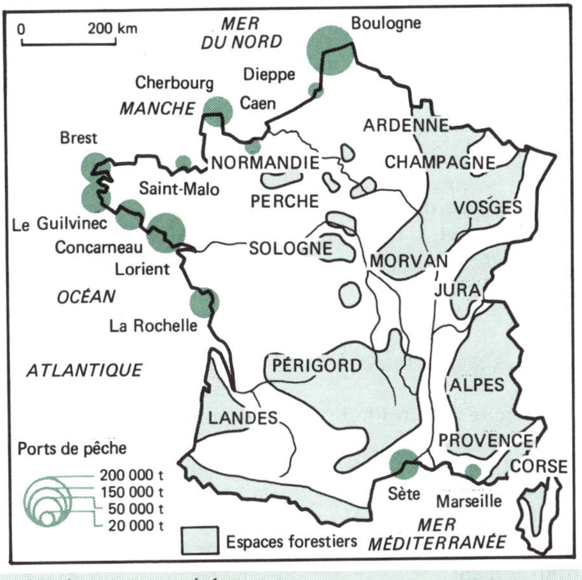

Examinez les deux cartes ci-dessus :

1. Quelles sont les principales régions de cultures ? d'élevage ? d'agriculture spécialisée ?
2. Où se trouvent les principales forêts ?
3. Localisez les grands ports de pêche.

31. France : le problème de l'énergie

La France ne produit que le 1/3 de l'énergie qu'elle consomme, ce qui entraîne une grande dépendance et un déficit du commerce extérieur.

I. La houille : déclin irrémédiable

A. La production des Charbonnages de France est en baisse volontaire.
- 17 millions de tonnes en 1983 ; 10 millions prévus en 1988 ;
- concurrence étrangère, qualité moyenne, coût d'exploitation élevé.

B. La Lorraine fournit l'essentiel ; Nord-Pas-de-Calais et Centre-Midi ferment leurs puits, ce qui pose des problèmes de reconversion et de chômage (20 000 emplois en moins d'ici 1988).

II. L'électricité : production croissante et suffisante

A. La moins chère d'Europe, elle est *excédentaire* : 7e du monde, 2e d'Europe.

B. Elle provient de **trois sources** différentes :
- *hydro-électricité* (chutes d'eau) : 20 % ;
- *thermo-électricité* (charbon ou hydrocarbures* brûlés) : 20 % ;
- *électro-nucléaire* (traitement de l'uranium) : 60 %, 2e rang mondial.

III. Les hydrocarbures* : dépendance presque totale

A. Le gisement de Lacq représente 30 % de la consommation de **gaz naturel.**

B. Des gisements insignifiants de **pétrole** dans les Landes et la région parisienne fournissent 2 % des besoins du pays.

C. De là des **importations massives et onéreuses** de l'étranger (Moyen-Orient, Algérie, Afrique noire, mer du Nord, U.R.S.S.).

IV. L'énergie nucléaire* : un espoir ?

A. La production s'est fortement accrue :
- 60 % de l'électricité aujourd'hui contre 7 % en 1974 ;
- 44 centrales installées en 1986, 55 prévues en 1990.

B. Les centrales sont **localisées près des fleuves et sur le littoral** (besoins en eau de refroidissement).

C. Développée pour limiter les importations de pétrole, l'énergie nucléaire pose cependant des **problèmes :**
- insuffisance des ressources en uranium (achats à l'Afrique francophone) ;
- conditions de sécurité ; et opposition vive des écologistes*.

A la recherche d'**énergies nouvelles** : éolienne, solaire, géothermique, marémotrice, bioénergétique, la France s'impose un programme d'économies d'énergie. Elle s'efforce également de diversifier ses approvisionnements.

Quelques définitions

GdF : Gaz de France ; **EdF :** Électricité de France.

C.F.P. : Compagnie Française des Pétroles (Total) ; **Elf :** Essences et lubrifiants de France.

Énergie éolienne = le vent ; *géothermique* = la chaleur interne de la terre ; *marémotrice* = la force des marées ; *bioénergie* = la fermentation des déchets organiques et des plantes.

L'énergie en France

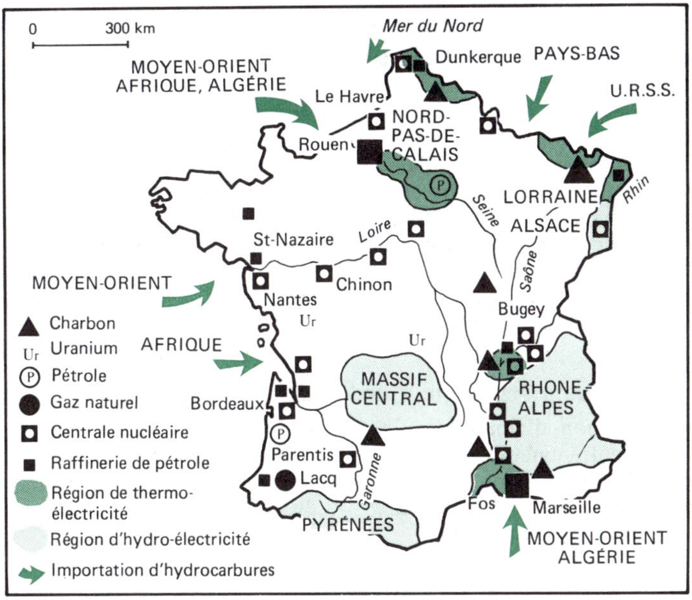

Part respective des sources d'énergie en France

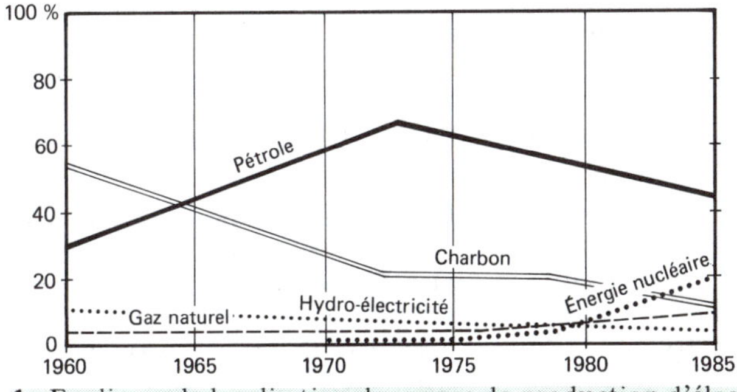

1. Expliquez la localisation des zones de production d'électricité.
2. Quelles sources d'énergie manquent ? Justifiez les importations et leur origine.
3. Expliquez la localisation des raffineries.

32. France : sidérurgie et industries lourdes

La France est la 5e puissance industrielle du monde. Cependant, la crise économique mondiale accentue les contrastes entre secteurs prospères et activités en déclin.

I. La sidérurgie* : une activité traditionnelle en crise

A. La 7e sidérurgie du monde, mais une production en baisse .

B. Une crise nationale et mondiale :

- *causes* : augmentation du coût des matières premières (pauvreté du minerai lorrain, concurrence étrangère, faible productivité*) ;
- *manifestations* : baisse des commandes, suréquipement, endettement ;
- *conséquences* : restructuration*, licenciements, chômage ;
- *remèdes* : intervention de l'État (plans acier), regroupements, modernisation, reconversions.

C. Une industrie concentrée :

- *géographiquement* : près du minerai de fer, du charbon, dans les ports ;
- *financièrement* : nationalisation* d'Usinor et Sacilor ; restructuration de Creusot-Loire.

II. La métallurgie lourde : des résultats inégaux

A. La production d'**aluminium**, 9e du monde, entièrement assurée par la groupe Péchiney stagne ;

B. Les autres métaux non ferreux occupent une place secondaire.

C. La construction navale, florissante jusqu'en 1973, décline, victime de la concurrence du Japon, du Brésil, de la Corée du Sud : 14e rang mondial (5e en 1974).

III. La chimie de base : une industrie dynamique

A. Puissante et diversifiée :

- 5e du monde, dominée par deux firmes, Rhône-Poulenc et Péchiney ;
- deux secteurs : *chimie minérale, chimie organique* (carbochimie*, pétrochimie*).

B. Localisée près des sources d'énergie, des matières premières, des ports.

C. Fragile à cause du renchérissement des matières premières et de la concurrence internationale (Allemagne, États-Unis, pays d'Asie).

IV. Les matériaux de construction lourds

A. **L'industrie du ciment**, après un essor remarquable jusqu'en 1974, connaît aujourd'hui une relative stagnation (4e d'Europe).

B. **L'industrie du verre**, de plus en plus mécanisée, n'emploie plus que 40 000 personnes.

C. Ces deux industries sont très concentrées : financièrement (cimenteries Lafarge ; verreries Saint-Gobain et BSN), et géographiquement (Nord, régions parisienne et lyonnaise).

Face à la concurrence internationale, les industries lourdes françaises doivent s'adapter (plan de restructuration de 1984).

LA SIDÉRURGIE

Minerai de fer + coke → Hauts fourneaux → Fonte → Affinage en acierie par convertisseur et four → Acier

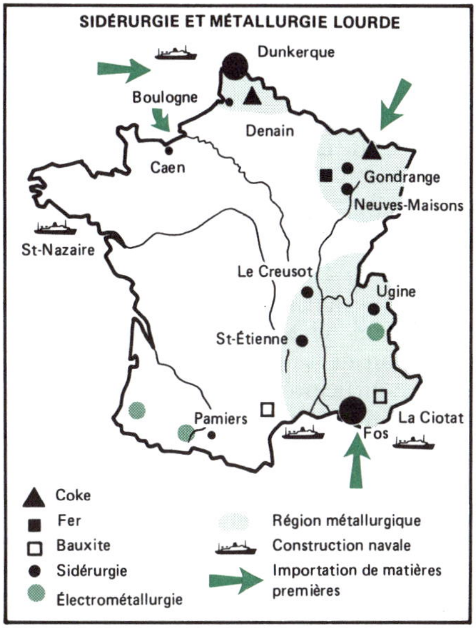

1. Définir la sidérurgie.
2. Quelles sont les principales régions métallurgiques ?
3. Où se localisent les matières premières et les autres industries ?

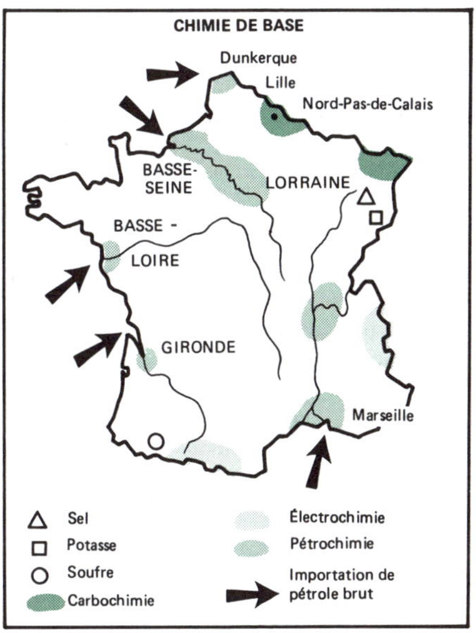

4. Définir et localiser les différents types d'industries chimiques de base ?
5. Expliquer leur localisation.

33. France : industries de transformation

Dispersées sur l'ensemble du territoire français, les industries de transformation enregistrent des résultats très inégaux : certaines sont prospères, d'autres ont du mal à s'adapter.

I. Difficultés de certaines industries traditionnelles

A. L'industrie automobile (Renault, groupe PSA) est au 4e rang mondial avec près de 4 millions de véhicules. Longtemps florissante, elle connaît aujourd'hui de graves problèmes : stagnation de la production et des ventes, difficultés financières, réductions d'emplois.

B. L'industrie textile (laine, coton, etc.) poursuit son recul face à la concurrence acharnée des pays de la C.E.E. et des pays du Tiers-Monde* ; les effectifs ont diminué de moitié en cinq ans.

C. La chimie légère (parachimie, pharmacie, biotechnologie) connaît un grave retard par rapport à ses concurrents (R.F.A., États-Unis).

D. Les industries de biens d'équipement et de consommation présentent des faiblesses :
- la production de *machines-outils* est déficitaire ;
- concurrencé par les marques étrangères, l'*électroménager* est en baisse ;
- l'industrie du *bâtiment* et du *bois* n'échappe pas à la crise.

II. Succès des industries de pointe*

A. Les constructions électriques et électroniques : 4e rang mondial :
- *les constructions électriques* sont dynamiques et exportatrices ;
- dans l'*électronique* (TV, téléphone, radar, satellites...), Thomson-Brandt occupe la 1re place ;
- *informatique, télématique et robotique* sont en plein essor.

B. L'industrie aéronautique et aérospatiale : 3e du monde :
- elle est largement *exportatrice* pour le matériel civil (Airbus, fusée Ariane) et militaire (3e vendeur d'armes du monde) ;
- *l'État contrôle l'essentiel* de la production : Aérospatiale, S.N.E.C.M.A., Dassault, Matra ;
- les usines sont concentrées dans la *Région parisienne et le Sud-Ouest*.

C. Les industries agro-alimentaires («pétrole vert» de la France) :
- une activité vitale en liaison avec l'agriculture ;
- des branches variées : conserveries, laiteries, brasseries, huileries... ; l'industrie des surgelés est en pleine expansion ;
- sur les lieux de production, de consommation ou d'importation.

Pour conserver son rang, l'industrie française doit sans cesse évoluer face aux nouvelles conditions économiques.

Quelques définitions

Biotechnologie : technologie résultant des recherches en biologie.

Informatique : science faisant appel aux ordinateurs qui permettent de traiter l'information de façon automatique.

Parachimie : produits dérivés de la chimie (colle, peinture, vernis, explosifs, etc.).

Robotique : industrie fabriquant des appareils automatiques pouvant se substituer à l'homme.

Télématique : technique faisant appel aux télécommunications et à l'informatique.

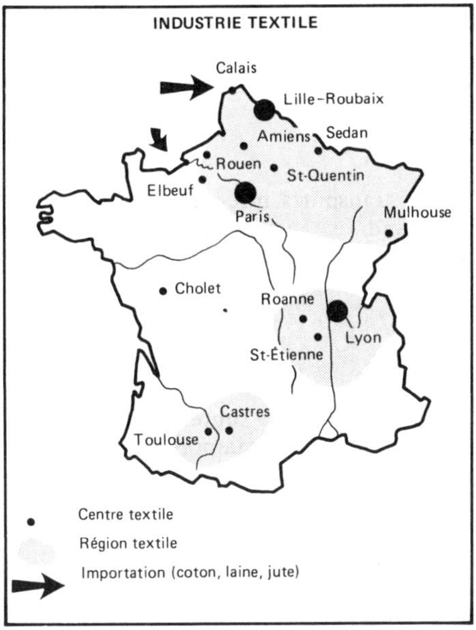

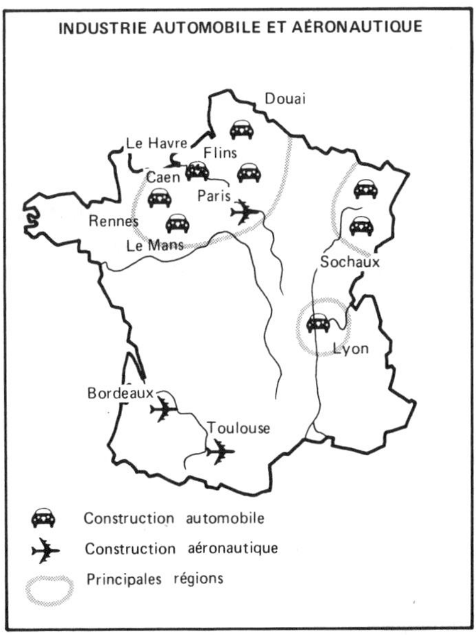

1. Quelles sont les principales régions d'industrie textile ?
2. Où se trouvent concentrées les industries automobiles ? les industries aéronautiques ?

34. France : transports intérieurs et tourisme

Les transports intérieurs assurent les déplacements des personnes et des marchandises. Disposés en toile d'araignée autour de Paris, ils connaissent une progression constante, parallèlement au développement du tourisme.

I. Les transports intérieurs

A. Suprématie de la route :
- *parc automobile* important : 20 millions de véhicules en 1986 ;
- *trafic* en progression : près de 50 % des marchandises ;
- *réseau routier* dense et très centralisé ;
- *développement* récent des autoroutes, encore insuffisantes (6 000 km contre 8 000 en R.F.A.) ;
- *oléoducs* et gazoducs** acheminent pétrole et gaz.

B. Modernisation des transports ferroviaires (nationalisés en 1938) :
- *35 000 km de voies ferrées,* et le tiers des marchandises transportées ;
- concurrencée par la route, la *S.N.C.F.* s'efforce d'améliorer ses services : vitesse, confort (T.G.V.) ; mais elle reste en déficit.

C. Stagnation des voies navigables :
- *réseau vétuste,* au gabarit limité ; 6 % du trafic (produits lourds) ;
- *quelques axes* concentrent la navigation (Seine, Oise et canaux du Nord ; Rhin, Rhône aménagés).

D. Progrès récents des transports aériens :
- *liaisons régulières* entre Paris et la province ;
- *trafic* essentiellement groupé dans les aéroports parisiens (Orly, Roissy) et quelques aéroports de province (Marseille, Nice, Lyon) ;
- la compagnie Air Inter présente un bilan d'exploitation positif.

E. Les télécommunications prennent une importance croissante avec le développement des centres telex et de la télématique.

II. Le tourisme

A. Un phénomène de masse récent :
- plus de la moitié des Français partent aujourd'hui en vacances ;
- *36 millions de touristes étrangers* séjournent chaque année en France ;
- l'industrie hôtelière, le camping et le caravaning se développent.

B. Des formes variées :
- *passage :* Paris est le premier centre touristique français ;
- *séjour :* sur le littoral (attrait du soleil et de la Méditerranée en particulier) et à l'intérieur (montagne, campagne, villes d'eau) ;
- on peut distinguer le **tourisme estival** (le plus pratiqué) et le **tourisme lié aux sports d'hiver** (en progrès).
- créateur de nombreux emplois, le tourisme est bénéfique à l'économie (apport de devises*, services, transports...).

Voies ferrées

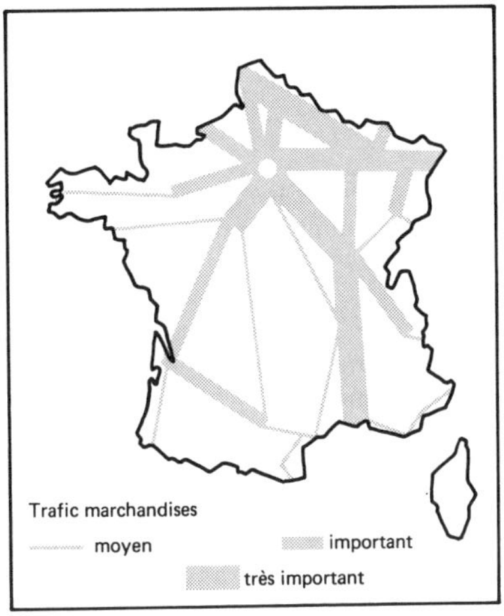

Voies navigables et aéroports

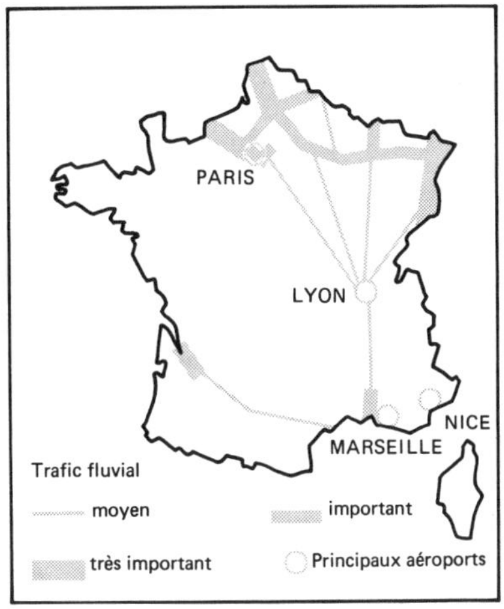

Le tourisme en France

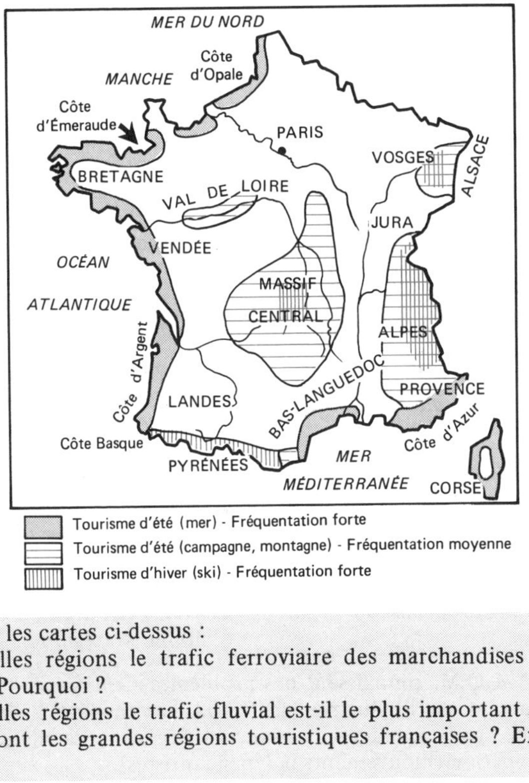

Examinez les cartes ci-dessus :

1. Dans quelles régions le trafic ferroviaire des marchandises est-il le plus important ? Pourquoi ?

2. Dans quelles régions le trafic fluvial est-il le plus important ? Pourquoi ?

3. Quelles sont les grandes régions touristiques françaises ? Expliquez leur répartition.

35. France : les D.O.M.-T.O.M.

Dispersés sur le globe, les D.O.M. et les T.O.M. sont les restes de l'Empire colonial. Aidés par la métropole, ils en restent largement dépendants.

I. La France en Amérique

A. Saint-Pierre-et-Miquelon :

- archipel brumeux et frais (courant froid du Labrador) ;
- peu peuplé, il est tourné vers la pêche (proximité de Terre-Neuve).

B. Les Antilles (Guadeloupe et Martinique) :

- *îles tropicales*, souvent dévastées par des cyclones, menacées par les éruptions volcaniques ;
- *population dense*, en augmentation rapide ;
- *économie agricole* : canne à sucre, bananes, ananas ;
- un espoir : le *tourisme*.

C. La Guyane :

- département français le plus vaste et le moins peuplé ;
- *domaine équatorial sous-exploité*: Kourou est une base aérospatiale (fusées Ariane).

II. La France dans l'océan Indien

A. La Réunion :

- *le plus peuplé* des départements d'Outre-mer ;
- *île volcanique, au climat tropical;*
- prédominance de la *canne à sucre* (2/3 des basses pentes).

B. Mayotte (archipel des Comores).

C. Les Terres australes et antarctiques françaises (T.A.A.F.) n'abritent que des stations scientifiques : îles Crozet, Kerguelen, St-Paul et Nouvelle-Amsterdam ; Terre Adélie.

III. La France dans l'océan Pacifique

A. La Nouvelle-Calédonie :

- *île montagneuse, au climat subtropical humide ;*
- 3e producteur mondial de *nickel;*
- *situation stratégique*, au large de l'Australie ;
- *avenir incertain* entre deux communautés : Mélanésiens ou «canaques» et Européens ou «caldoches».

B. La Polynésie française :

- *territoires très dispersés* (150 îles): Marquises, Gambier, Touamotou, Société (avec Tahiti), etc. ;
- *cultures d'exportation* : vanille, café, coprah, mais le *tourisme* est la grande ressource d'avenir.
- un centre d'expérimentation atomique est installé à Mururoa.

C. Wallis-et-Futuna : petit archipel d'intérêt stratégique.

Les D.O.M.-T.O.M. connaissent des problèmes identiques : développement de l'agriculture et de l'industrie insuffisant par rapport à l'accroissement démographique, trop grande dépendance à l'égard de la métropole, récent désir d'émancipation (mouvements indépendantistes).

Les départements et territoires d'outre-mer :
120 000 km^2 - 1,5 million d'habitants

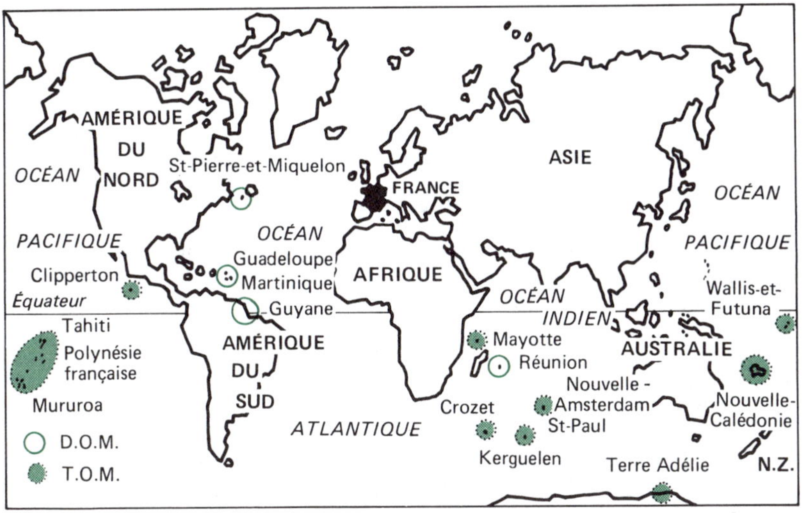

N.B. l'îlot de Clipperton est inhabité.

D.O.M.	Superficie	Population	Chef-lieu
Guadeloupe	1 780 km^2	350 000 h	Pointe-à-Pitre
Martinique	1 100 km^2	340 000 h	Fort-de-France
St-Pierre-et-Miquelon . . .	240 km^2	6 000 h	Saint-Pierre
Guyane	91 000 km^2	70 000 h	Cayenne
Réunion	2 500 km^2	500 000 h	Saint-Denis
T.O.M.			
Nouvelle-Calédonie	19 000 km^2	140 000 h	Nouméa
Polynésie française	4 000 km^2	150 000 h	Papeete
Mayotte	375 km^2	55 000 h	Dzaoudzi
Wallis-et-Futuna	200 km^2	12 000 h	Mata-Utu
T.A.A.F. (sans la Terre Adélie)	7 000 km^2	–	–

1. Localisez les D.O.M.-T.O.M. à travers le monde.
2. Comparez superficie et population de chacun des D.O.M.-T.O.M. Quelles conclusions pouvez-vous en tirer ?

Quelques définitions

D.O.M. : Départements d'Outre-mer ayant un statut semblable aux départements de la Métropole.

T.O.M. : Territoires d'Outre-mer dotés d'une Assemblée territoriale leur donnant une certaine autonomie.

36. France : échanges extérieurs et présence dans le monde

La France entretient des échanges avec la plupart des pays du globe. Par son rayonnement, elle figure au rang de grande puissance mondiale.

I. Les échanges extérieurs

A. Importance et variété des produits échangés :
- *la France est le 4e importateur et exportateur mondial,* après les États-Unis, la R.F.A. et le Japon ;
- *elle achète* des matières premières, des produits énergétiques, alimentaires, semi-finis et finis ; elle *vend* des produits agricoles, industriels, des biens d'équipement et de consommation.

B. Prépondérance du commerce avec la C.E.E. :
- il représente 50 % des échanges : la R.F.A. est notre 1er fournisseur et 1er client, avant Italie et Benelux*;
- cependant, la France cherche à développer son commerce avec d'autres pays industrialisés et avec le Tiers-Monde*, fournisseur de matières premières et acheteur de produits industriels.

C. Concentration du trafic dans quelques ports et aéroports :
- la 10e flotte marchande du monde : 10 millions de tjb* ;
- trafic localisé surtout à *Marseille, Le Havre, Dunkerque, Nantes, Rouen,* et dominé par les hydrocarbures (55 % du tonnage total) ;
- *l'aéroport de Paris* (Orly et Roissy) est le 1er d'Europe pour le fret international et le 2e après Londres pour le transport international de passagers .

D. Une situation fragile :
- *la balance commerciale est déficitaire* à cause de la facture pétrolière (X 15 entre 1973 et 1983) et de la concurrence étrangère. Cependant le déficit a diminué en 1984, (ventes importantes dans l'agro-alimentaire, l'aéronautique et l'armement) ;
- *la balance des paiements* est également négative, mais la situation s'est améliorée en 1984 ;
- *la balance des invisibles* (tourisme, services) est positive ; elle ne suffit pas à compenser le déficit de la balance commerciale.

II. La présence française dans le monde

A. L'influence culturelle :
- *le français* est la langue usuelle de plus de 100 millions de personnes, la langue officielle d'une trentaine d'États.
- *la culture française* est diffusée dans le monde entier : livres, arts, radio, TV, presse, ...

B. L'influence économique :
- 5e puissance économique mondiale ; ouverte à tous les échanges ;
- plus d'un million de Français travaillent à l'étranger : enseignants, militaires, ingénieurs, etc.

C. L'influence politique :
Membre permanent du Conseil de Sécurité de l'O.N.U. (chap. 16), la France est aussi la 3e puissance nucléaire et militaire du monde.

D. L'aide française au Tiers-Monde* ne doit pas être oubliée : 0,5 % du P.N.B.*

LE COMMERCE EXTÉRIEUR (valeur en %)

Répartition par produits

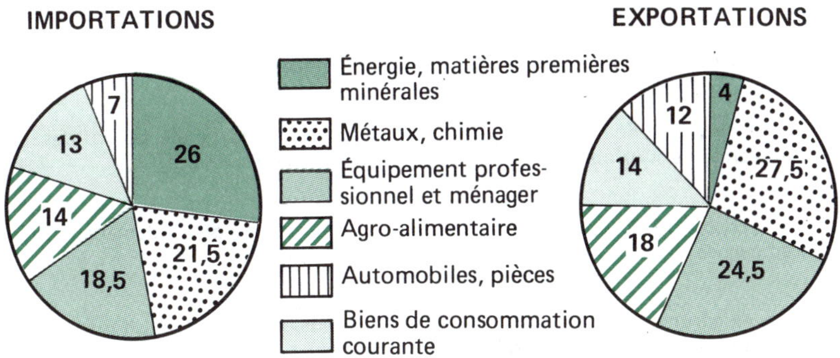

Répartition par pays

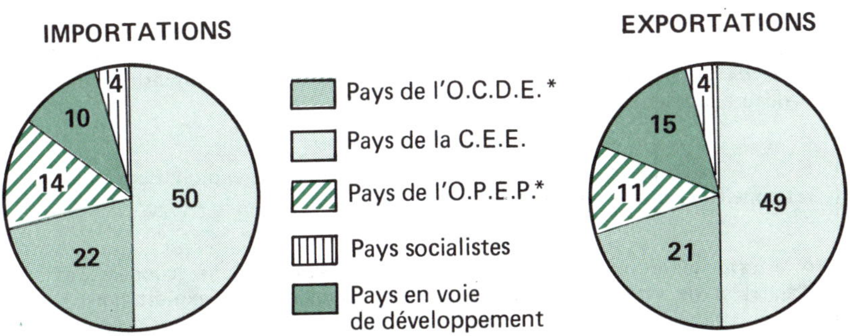

1. Quels sont les produits importés ?
2. Quels sont les produits exportés ?
3. Avec quels pays se font les importations ?
4. Avec quels pays se font les exportations ?
5. Expliquez l'évolution du commerce extérieur.

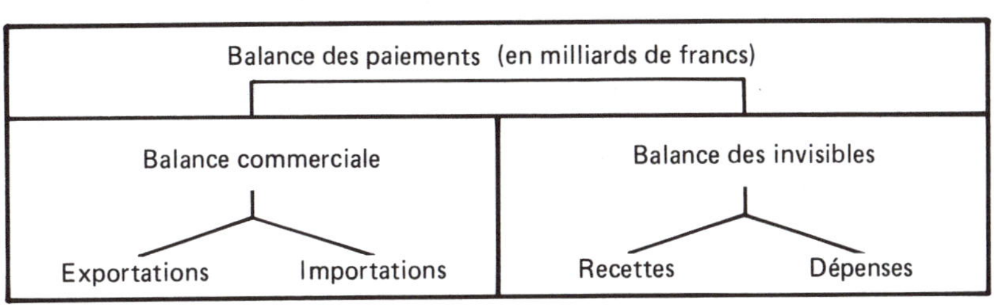

LES TRANSFORMATIONS RÉCENTES DE L'AGRICULTURE FRANÇAISE

△ **La «révolution agricole» de ces 30 dernières années :**

- a accru la production des céréales et l'importance du bétail, posant des problèmes de surproduction (céréales, produits laitiers, légumes, fruits) ;

- a concentré les exploitations agricoles, accélérant le dépeuplement des campagnes (exode rural) ;

- a exigé une mécanisation de plus en plus poussée, entraînant un recours au crédit qui a parfois rendu difficile la situation de l'agriculteur ;

- a souvent transformé le paysage rural traditionnel : remembrement, recul du bocage, travaux d'irrigation et de défrichement ;

- a entraîné des améliorations techniques : matériel, engrais, sélection des races de bétail et des semences, enseignement agricole, permettant une meilleure productivité et une meilleure qualité ;

- a nécessité de nouvelles méthodes de gestion des exploitations, plus rationnelles et plus modernes ;

- a favorisé le regroupement des paysans en associations (coopératives d'achat et de vente, syndicalisme agricole, groupements d'exploitation...).

△ **De nombreux problèmes demeurent :** coût élevé des produits, concurrence étrangère, insuffisance des revenus agricoles, contrastes régionaux... expliquant le malaise paysan (guerre du vin, manifestations, ...).

Quelques sigles à retenir

C.U.M.A. : Coopérative d'utilisation du matériel agricole.
F.N.S.E.A. : Fédération nationale des syndicats d'exploitants agricoles.
G.A.E.C. : Groupement agricole d'exploitation en commun.
I.N.R.A. : Institut national de la recherche agronomique.
S.A.F.E.R. : Société d'aménagement foncier et d'établissement rural.

LES MUTATIONS DE L'INDUSTRIE FRANÇAISE

△ **Les données nouvelles depuis quelques années :**

- le renchérissement des matières premières et de l'énergie ;

- la compétition internationale des pays industriels et des pays nouvellement industrialisés (ex. : ceux du Sud-Est asiatique) ;

- les nationalisations de 1981-1982 et le plan de restructurations industrielles de 1984 ;

- l'importance du chômage qui devient une donnée permanente ;

- la crise économique mondiale qui gêne les investissements des industriels ;

- les problèmes monétaires et l'endettement de la France.

△ **Les principaux changements :**

- mouvement de concentration des entreprises ;

- restructuration des groupes nationalisés (Usinor, Sacilor, C.G.E., Thomson...) ;

- encouragement à l'exportation, à la recherche et à l'innovation ;

- contrastes entre secteurs industriels dynamiques (aéronautique, électronique, chimie, informatique...) et secteurs en crise (sidérurgie, textile, constructions navales, automobile) ;

- diversification des régions industrielles (industries nouvelles dans le Nord-Pas-de-Calais et la Lorraine) ;

- développement de pôles industriels : Basse-Seine, Grenoble, Toulouse, Bordeaux, Marseille ;

- redéploiement industriel à l'étranger avec utilisation d'une main-d'œuvre meilleur marché qu'en France (ex. : autos fabriquées en Espagne, Roumanie, ...) ;

- dans le cadre de la régionalisation, une aide accrue de l'État aux régions en difficulté (9e plan).

La France

Superficie	: 550 000 km²
Population	: 55 millions
Densité	: 100 hab./km²

Population

△ Quelques données de base

• Taux de natalité . . . 13,8 ‰	• Espérance de vie des hommes. 70,6 ans
• Taux de mortalité . . . 9,8 ‰	• Espérance de vie des femmes . 78,8 ans
• Accroissement naturel . . 4 ‰	• Nombre d'étrangers . . . . . . 4 millions

△ Évolution de la population (en millions d'habitants)

1900	1939	1950	1968	1975	1982	1985
38,5 (sans l'Alsace-Lorraine)	41,9	41,7	49,8	52,6	53,8	55

△ La population active

1. Secteur primaire . . . . 8 %	Nombre d'actifs . . . . 21 millions
2. Secteur secondaire. . . . . . 34 %	Actifs féminins . . . . 41 %
3. Secteur tertiaire . . . . 58 %	Nombre de chômeurs : 2,5 millions (1/1/86)

△ Principales agglomérations (chiffres arrondis)

1. Paris. . . 8 700 000	**5.** Bordeaux. . 640 000	**9.** Toulon . . 410 000
2. Lyon . . 1 220 000	**6.** Toulouse . 541 000	**10.** Grenoble . 392 000
3. Marseille 1 100 000	**7.** Nantes . . . 464 000	**11.** Rouen. . . 379 000
4. Lille 936 000	**8.** Nice 449 000	**12.** Strasbourg 373 000

Principales productions agricoles (1984)

		Rang mondial	Rang européen
Blé (en millions de tonnes)	32,8	5e	1er
Maïs (en millions de tonnes)	10,3	8e	3e
Orge (en millions de tonnes)	11,4	3e	1er
Betterave à sucre (en millions de tonnes)	26,5	2e	1er
Pêche (en millions de tonnes).	0,8	23e	6e
Vin (en millions d'hectolitres)	64,4	2e	2e
Bovins (en millions de têtes)	23,5	10e	1er
Ovins (en millions de têtes)	12,2	17e	4e
Porcins (en millions de têtes)	11,4	10e	6e

Energie

	1974	1984	Rang mondial	Rang européen
Charbon (en millions de tonnes)	24	16,5	13e	6e
Pétrole (en millions de tonnes)	1	2,7	41e	6e
Gaz naturel (en milliards de m^3).	7,6	6,3	17e	9e
Électricité totale (en milliards de kWh). . .	180	305	7e	3e
dont : – Hydro-électricité . – Nucléaire	 56 13,9	 65 181	 9e 2e	 4e 1er

Principales productions industrielles

	1974	1984	Rang mondial	Rang européen
Fonte (en millions de tonnes)	23	15	7e	3e
Acier (en millions de tonnes)	27	19	7e	4e
Aluminium (en millions de tonnes)	0,3	0,3	11e	4e
Automobiles (en millions d'unités). . .	3,4	3,3	4e	2e
Constructions navales (en milliers de tonneaux de jauge brute - tjb*)	1 348	228	13e	8e

Transport et commerce (1984)

	Marchandises (en millions de tonnes)	Voyageurs (en millions)
Voie d'eau	69	–
Chemin de fer	177	755
Avion	2,8	23
Ports maritimes	272	20
Importations	872 milliards de francs	
Exportations	850 milliards de francs	

Principaux	
Fournisseurs	Clients
1. R.F.A.	1. R.F.A.
2. Italie	2. Italie
3. Belgique-Luxembourg	3. Belgique-Luxembourg
4. Royaume-Uni	4. États-Unis
5. États-Unis	5. Royaume-Uni
6. Hollande	6. Hollande
7. Espagne	7. Suisse
8. Algérie	8. Espagne

37. La C.E.E. : les institutions

Née en 1957, la **Communauté Économique Européenne** regroupe en 1986 douze pays et 320 millions d'habitants.

I. La construction de l'Europe : des «Six» au «Douze»

A. L'idée se concrétise après 1945, pour constituer une nouvelle force face aux «Super-Puissances».

B. Elle se réalise en plusieurs étapes :
- 1951 : création de la C.E.C.A. (Communauté Européenne Charbon-Acier) regroupant six pays (Benelux*, France, Italie, R.F.A.) ;
- 1957 : naissance de la C.E.E. : «Marché Commun» unissant les «Six» ;
- 1973 : élargissement avec l'entrée du Royaume-Uni, de l'Irlande et du Danemark : «l'Europe des Neuf» ;
- 1981 : adhésion de la Grèce : «l'Europe des Dix» ;
- 1986 : entrée de l'Espagne et du Portugal : «l'Europe des Douze».

C. Des principes communautaires mais des difficultés d'application :
- *union économique* reposant sur la libre circulation des produits, des hommes, des capitaux ;
- *harmonisation des politiques économiques et sociales ;*
- *cependant,* les méfiances nationales, les intérêts particuliers, l'augmentation des partenaires, la diversité des problèmes rendent fragile la construction européenne.

II. Les institutions européennes

A. Des pouvoirs partagés :
- *la Commission européenne,* organe permanent, veille au respect des traités, prépare les projets et applique les décisions prises ;
- *le Conseil des ministres,* organe essentiel, examine les propositions de la Commission et décide à l'unanimité ;
- *le Conseil économique et social* est le principal organisme consultatif ;
- *le Parlement européen* élu pour cinq ans donne son avis sur les propositions de la Commission et vote le budget ;
- *le Conseil européen* réunit trois fois par an les chefs d'État ou de gouvernement et fixe les orientations communes ;
- *la cour de Justice* veille à l'application du droit communautaire.

B. Des institutions monétaires :
- 1973 : le F.E.C.O.M. *(Fonds Européen de Coopération Monétaire) ;*
- 1979 : le S.M.E. *(Système Monétaire Européen),* première étape de l'union monétaire européenne avec la création de l'ECU *(European Currency Unit),* unité de compte européenne (monnaie qui ne circule pas).

Les Institutions communautaires restent fragiles : faiblesse du Parlement pouvoir exécutif de la Commission et du Conseil souvent bloqué par le manque d'unanimité entre les pays, budget insuffisant... Néanmoins, la C.E.E. constitue face au Comecon* une réalité politique et économique.

L'extension de la C.E.E.

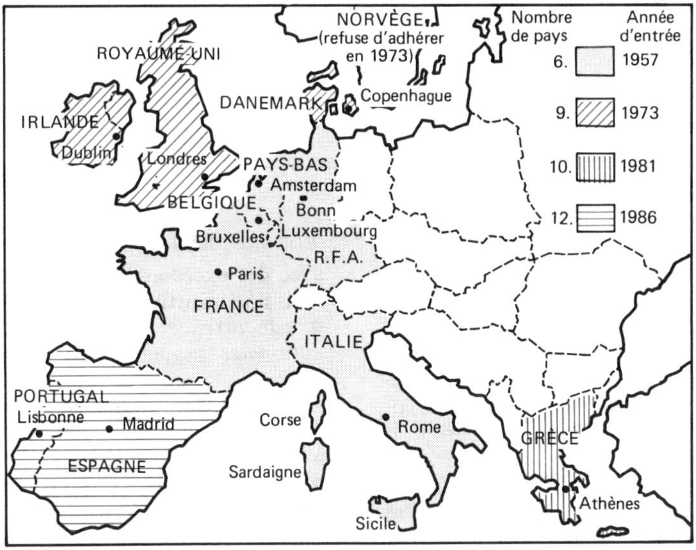

1. Quels pays ont successivement adhéré à la C.E.E. ?
2. Quelles sont les principales étapes de la construction de la C.E.E. ?
3. Quels sont les principaux organes institutionnels ?
4. Quels sont leurs rôles respectifs ?

Le fonctionnement des institutions de la C.E.E.

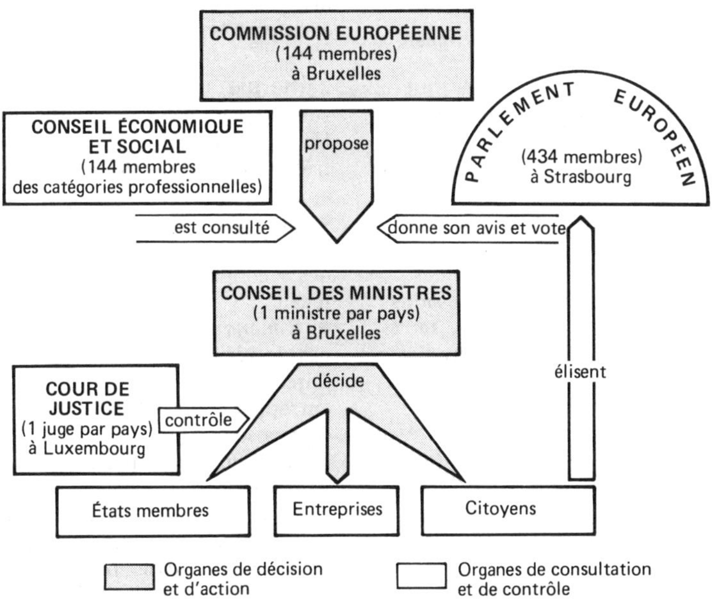

38. La C.E.E. : problèmes agricoles énergétiques et industriels

Vaste ensemble économique né en période de croissance, la C.E.E. doit aujourd'hui adapter ses structures à la crise.

I. L'Europe verte ou Marché commun agricole

A. La Politique Agricole Commune (P.A.C.) :

- *née en 1962, elle repose sur plusieurs principes :* fixation de prix communs, préférence communautaire, solidarité financière grâce au F.E.O.G.A. (Fonds Européen d'Orientation et de Garantie Agricole) ;
- *des succès incontestables ont été enregistrés :* création d'un grand marché agricole, développement des échanges, amélioration de la productivité*, progression sur une longue période du niveau de vie des exploitants, sécurité et diversité des approvisionnements.

B. Des difficultés demeurent :

- *déséquilibre du marché européen,* avec des excédents en lait et beurre mais une insuffisance en viande ;
- *concurrence des agricultures nationales* («guerre» du porc, du vin...) ;
- *non-respect parfois de la préférence communautaire* (achats anglais à la Nouvelle-Zélande) ;
- *les Montants Compensatoires Monétaires* (compensant les différences entre les prix nationaux) conduisent à fixer des prix communautaires plus élevés que les cours mondiaux, d'où surproduction) ;
- *la P.A.C. absorbe l'essentiel du budget de la Communauté,* favorise les agriculteurs les plus productifs, mais accentue les écarts de revenus et disparités régionales.

II. L'Europe inachevée : énergie, industrie

A. Il manque une politique européenne de l'énergie :

- *la C.E.E.* doit importer plus de la moitié de sa consommation ce qui la rend très dépendante de l'étranger et fragile en temps de crise (chocs pétroliers*) ;
- malgré quelques décisions communes : réduction du taux de dépendance (énergies nouvelles, économies) *chaque pays poursuit en fait sa propre politique ;*
- *l'inégale répartition des ressources* nuit à toute politique énergétique commune.

B. L'Europe industrielle reste également à faire :

- l'industrie européenne (allemande surtout) a beaucoup profité du Marché commun, mais elle reste très *tributaire de l'étranger* pour ses approvisionnements ;
- quelques *mesures protectionnistes** ont été prises pour défendre des secteurs vulnérables : sidérurgie, textile ;
- *il manque une politique globale :* pas de véritables firmes communautaires, manque de coordination des entreprises face à la concurrence japonaise et américaine, rareté des réalisations industrielles communautaires ;
- le F.E.D.E.R. (Fonds Européen de Développement Régional) apporte une *aide financière aux régions en retard ou en déclin.*

Le fonctionnement du F.E.O.G.A.

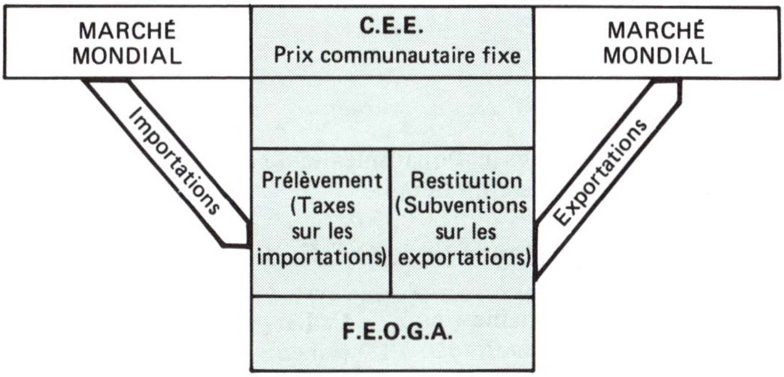

1. Quelle est la source d'énergie la plus importante ?

2. Localisez les régions industrielles en crise et les régions dynamiques.

3. Quelles sont les régions aidées ?

La consommation énergétique de la C.E.E. (% en 1985)

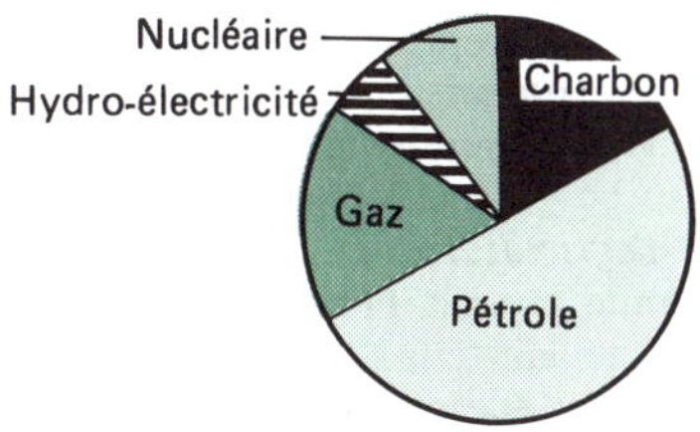

Développement industriel et disparités régionales

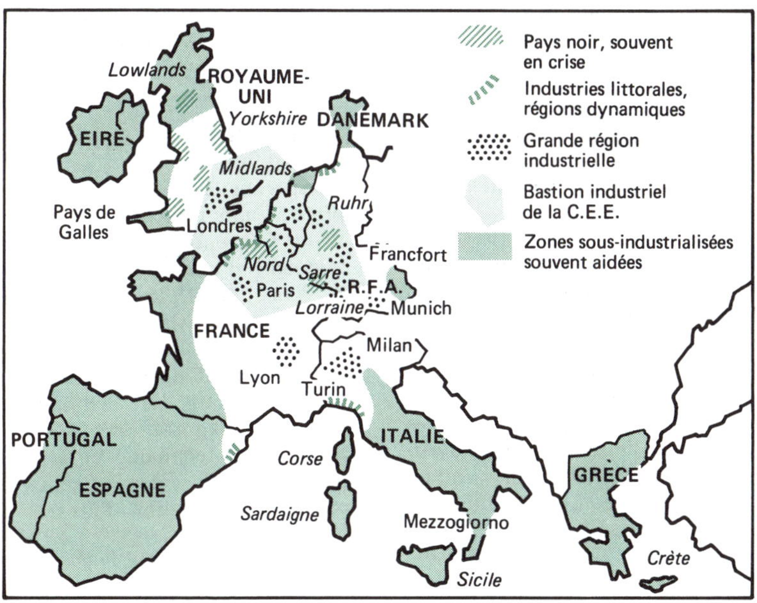

39. La C. E. E. et le monde

Malgré la persistance des nationalismes et sa fragilité, la C.E.E. a acquis au sein du monde une place considérable.

I. L'importance de la C.E.E. dans le monde

A. La 3e communauté humaine :

- avec ses *320 millions d'habitants,* la C.E.E. se situe loin derrière la Chine et l'Inde, mais devant l'U.R.S.S. et les États-Unis ;
- par leur niveau de vie élevé, ses habitants représentent *un marché de consommation énorme.*

B. Un ensemble économique puissant :

- *l'agriculture est la première du monde* pour la betterave à sucre, le vin, le lait ; la 2e pour l'orge, la viande ; elle excède les besoins de la population et permet des exportations ;
- la C.E.E. constitue *le 2e ensemble industriel du monde* après les États-Unis, malgré le manque de matières premières et la dépendance énergétique.

C. La première puissance commerciale du monde :

- carrefour du commerce international, la C.E.E. assure *le tiers des échanges mondiaux ;* Rotterdam, aux Pays-Bas, est le premier port du monde ;
- les achats de produits énergétiques et de matières premières représentent environ 50 % des *importations* ; les *exportations* sont constituées à plus de 80 % par des produits manufacturés ;
- *les échanges* se font pour moitié entre pays de la C.E.E., et de plus en plus avec les pays en voie de développement ;
- sauf la R.F.A., *la balance commerciale des États est déficitaire.*

II. L'aide au Tiers-Monde

A. L'aide au développement* a pris une dimension mondiale.

- depuis les années 1960, de nombreux accords commerciaux ont été signés avec des P.V.D. (pays en voie de développement) au sud de la Méditerranée et en Asie : avantages financiers aux anciennes colonies, coopération... ;
- c'est surtout depuis les années 1970, sous l'effet de l'appauvrissement des P.V.D. non producteurs de pétrole, que la solidarité européenne avec le Tiers-Monde a pris de l'importance.

B. La Convention de Lomé (Togo) témoigne d'une ouverture accrue :

- signée en 1975 avec 46 pays A.C.P. (Afrique, Caraïbes, Pacifique), renouvelée en 1979, elle concerne aujourd'hui 65 pays ;
- elle garantit la stabilité des recettes d'exportation, facilite la coopération technique et agricole, prévoit des aides financières, commerciales et alimentaires.

Du développement des pays du Tiers-Monde dépendent en partie l'unification de l'Europe et l'avenir de la C.E.E.

Part et rang de la C.E.E. dans l'agriculture et l'industrie mondiales

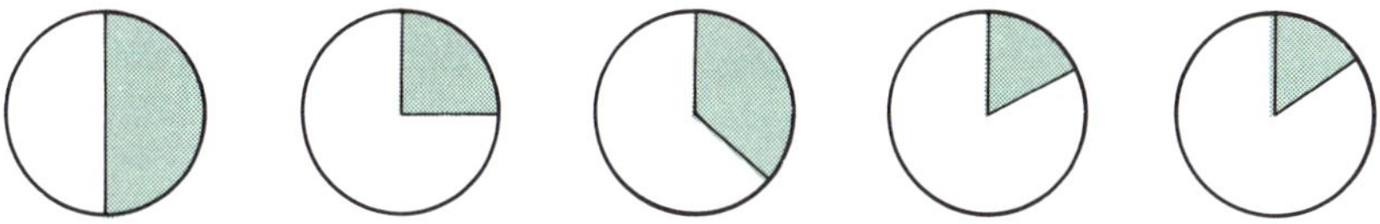

Vin : 1er — Lait : 1er, Orge : 2e — Automobiles : 1er — Constructions navales : 2e, Acier : 2e — Électricité : 3e

La C.E.E. dans le commerce mondial

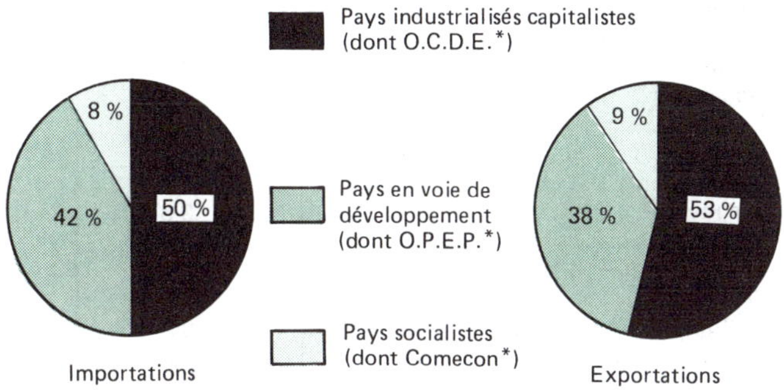

△ Avec quels pays se fait le commerce de la C.E.E. ?

Les pays A.C.P. (Afrique, Caraïbes, Pacifique)

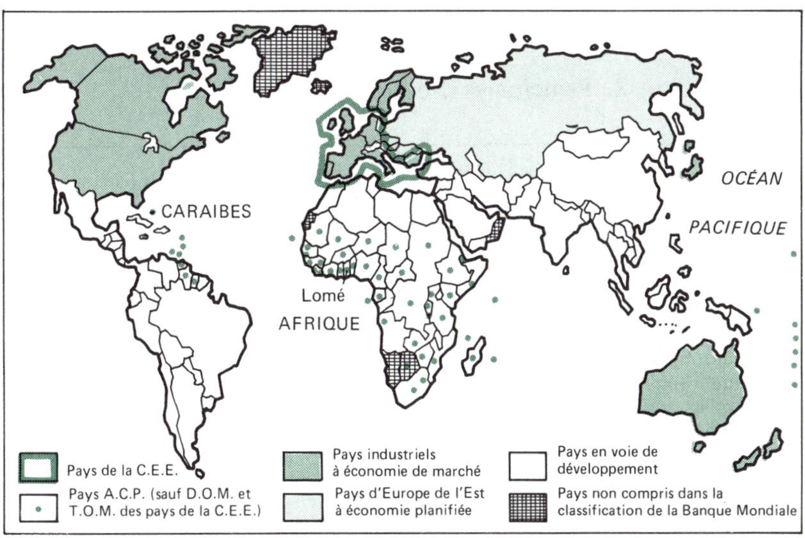

Quelques chiffres sur la C.E.E.

1. Présentation des pays membres

Pays de la C.E.E. (depuis le 1.1.1986)	Superficie (en km^2)	Population (en millions d'habitants)	Densité
1. Allemagne (R.F.A.)	248 577	61,0	245
2. Belgique	30 521	9,9	324
3. Danemark	114 524	10,1	88
4. Espagne.	504 782	38,5	76
5. France.	549 192	55	100
6. Grèce	131 944	10,1	76
7. Irlande	70 283	3,6	51
8. Italie.	301 225	57,4	190
9. Luxembourg.	2 586	0,3	141
10. Pays-Bas	33 938	14,5	427
11. Portugal.	92 082	10,3	112
12. Royaume-Uni. . . .	244 046	56,4	231
Total.	2 323 700	327,1	141

2. Principales productions industrielles

	Production (chiffres arrondis)	Rang mondial
Charbon (millions de tonnes).	174	5e
Pétrole brut (millions de tonnes) . .	144	5e
Gaz naturel (milliards de m^3).	154	3e
Électricité (milliards de kWh).	1 474	3e
Fonte (millions de tonnes)	92	2e
Acier (millions de tonnes)	127	2e
Ciment (millions de tonnes).	164	1er
Textiles synthétiques (millions de tonnes)	2,3	2e
Automobiles (millions).	11,3	1er
Constructions navales (millions de tjb*)	2,1	3e

3. Principales productions agricoles

	Production (chiffres arrondis)	Rang mondial
Blé (millions de tonnes)	83	3e
Maïs (millions de tonnes)	23	3e
Orge (millions de tonnes)	55	1er
Betterave à sucre (millions de tonnes)	85	1er
Pomme de terre (millions de tonnes)	42	3e
Vin (millions d'hectolitres)	191	1er
Bovins (millions de têtes)	86	5e
Ovins (millions de têtes)	92	4e
Porcins (millions de têtes)	83	2e
Pêche (millions de tonnes).	6,6	3e

40. L'espace américain

Les États-Unis ne sont pas le pays le plus vaste du monde (U.R.S.S.), ni le plus peuplé (Chine, Inde, U.R.S.S. les précèdent). Ils possèdent néanmoins l'échelle d'un continent : 17 fois la France en superficie, 9 400 000 km^2.

I. La nature américaine

A. Des difficultés à la mise en valeur :

- *un continent massif,* ordonné par grands ensembles nord-sud gênant les relations transversales ;
- *des distances considérables* : 4 000 km de l'est à l'ouest et quatre fuseaux horaires ;
- *des climats contrastés et sans nuances.* Masses d'air polaire et tropical balaient l'est et le centre selon la saison. L'aridité croît à l'ouest du 100e méridien ; steppe et désert remplacent prairie et forêt atlantique. La côte pacifique jouit de conditions tempérées.

B. Mais de riches potentialités :

- *des sols généralement fertiles ;*
- *la mer intérieure des Grands Lacs* pénètre jusqu'au cœur du continent ;
- *les richesses considérables du sous-sol* réparties sous tout le territoire.

II. La formation des États-Unis

A. Les 13 colonies deviennent indépendantes en 1783.

B. Le Sud, le Centre, l'Ouest sont achetés ou conquis au cours du XIXe siècle, ainsi que l'Alaska et les îles Hawaii : au total 50 États.

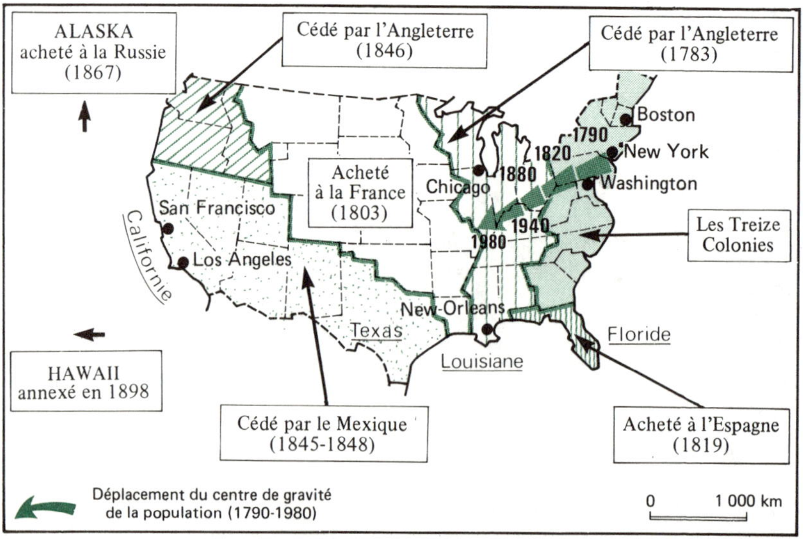

Relief de l'Amérique du Nord

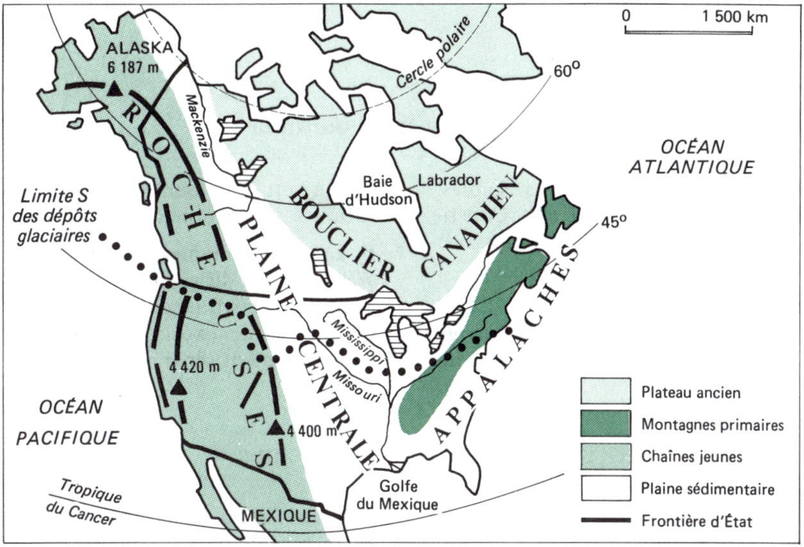

Précipitations

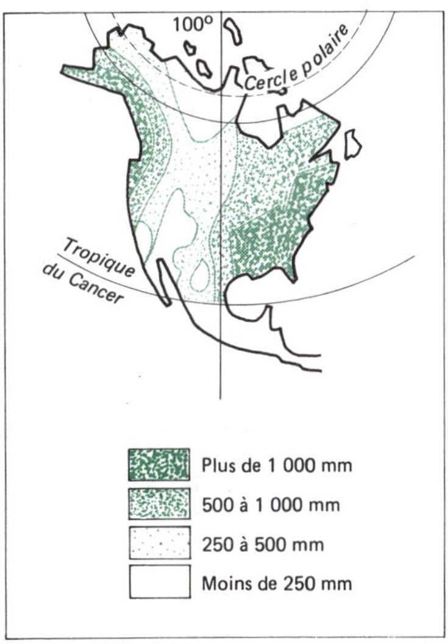

Ensembles climatiques

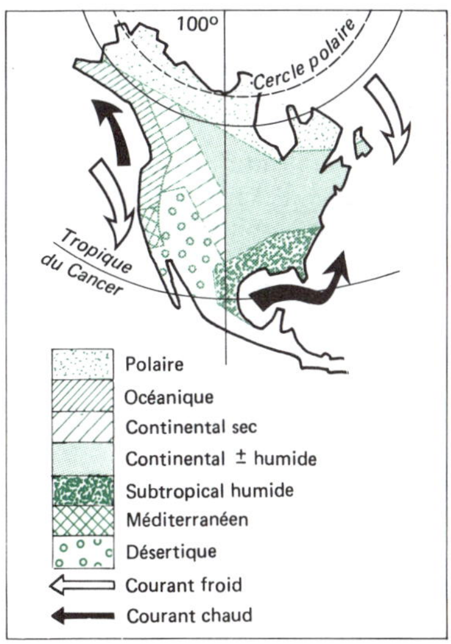

Δ Quelle est l'influence du relief sur les précipitations et la répartition des ensembles climatiques ?

41. États-Unis : cadre politique et économique

I. Les institutions politiques

Les institutions sont très stables. Le régime fédéral, dû à la Constitution de 1787, est toujours en vigueur.

A. Les 50 États possèdent une large autonomie (police, justice, éducation, etc.) et leurs propres institutions : gouverneur, Sénat, etc.

B. Le gouvernement fédéral, à Washington, dirige la diplomatie, la défense, les finances, le commerce. Législatif, exécutif, judiciaires sont nettement séparés.

II. Le système économique

A. Le royaume de la libre entreprise :

- les États-Unis sont le symbole du capitalisme* triomphant ; il n'y a pas de firmes nationalisées, les sociétés privées sont d'une taille souvent gigantesque (liste chap. 45) ; sur les 100 premières entreprises mondiales, la moitié sont américaines ;
- le libéralisme* est la règle, entraînant l'esprit d'innovation, mais aussi le gaspillage des ressources naturelles, le faible aménagement du territoire, la contestation parfois (écologistes*, minorités) ;
- le rôle de l'État a néanmoins grandi depuis la crise de 1929 (chap. 7) : il est devenu le premier client du pays (N.A.S.A., forces armées, etc.) et pèse ainsi sur l'économie.

B. Une efficacité sans égale :

- la productivité est élevée, grâce à une organisation rationnelle du travail (taylorisme, chap. 7) et aux progrès de la recherche ;
- les «cols blancs» (employés du secteur tertiaire*) dépassent nettement les «cols bleus» (ouvriers du secteur secondaire*) : 66 % et 31 % de la population active, contre 52 et 34 il y a trente ans.

C. Des groupes de pression (lobbies) actifs :

- ces lobbies interviennent par le jeu des media*, très influents ;
- parmi eux, les syndicats, riches et puissants, reconnus depuis 1935 (chap. 7), se montrent très actifs, sans toutefois contester le système américain ; ils se rassemblent au sein de l'A.F.L.-C.I.O.

Quelques définitions

N.A.S.A. *(National Aeronautics and Space Administration)* : organisme fédéral chargé des études et expérimentations dans le domaine aérospatial.

A.F.L.-C.I.O. : grande centrale syndicale unissant depuis 1955 l'*American Federation of Labor* (1886, assez traditionnaliste) et le *Congress for Industrial Organization* (1935, plus progressiste).

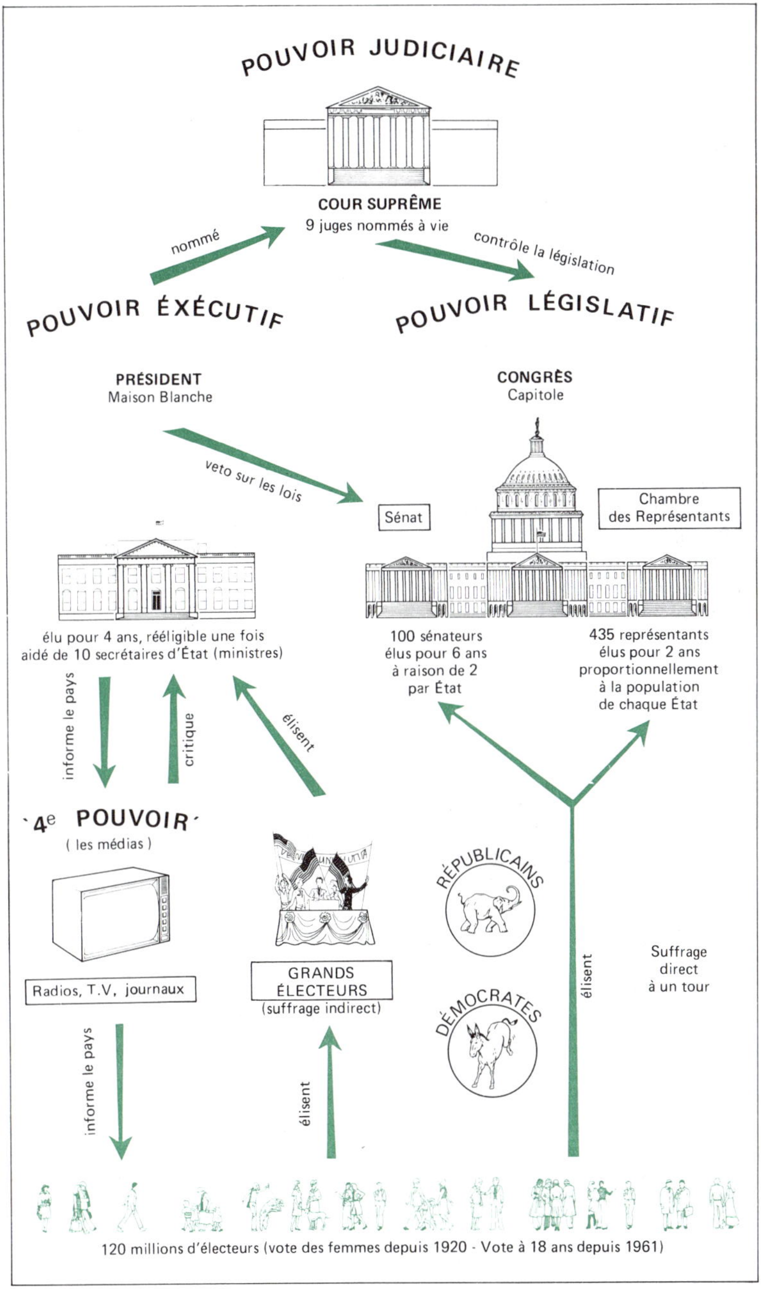
POUVOIR JUDICIAIRE
COUR SUPRÊME
9 juges nommés à vie
nommé
contrôle la législation
POUVOIR ÉXÉCUTIF
POUVOIR LÉGISLATIF
PRÉSIDENT
Maison Blanche
CONGRÈS
Capitole
veto sur les lois
Sénat
Chambre des Représentants
élu pour 4 ans, rééligible une fois
aidé de 10 secrétaires d'État (ministres)
100 sénateurs
élus pour 6 ans
à raison de 2
par État
435 représentants
élus pour 2 ans
proportionnellement
à la population
de chaque État
informe le pays
critique
élisent
'4e POUVOIR'
(les médias)
RÉPUBLICAINS
DÉMOCRATES
élisent
Suffrage
direct
à un tour
Radios, T.V, journaux
GRANDS
ÉLECTEURS
(suffrage indirect)
informe le pays
élisent
120 millions d'électeurs (vote des femmes depuis 1920 - Vote à 18 ans depuis 1961)

42. États-Unis : population

240 millions d'habitants (4e rang mondial), contre 75 millions en 1900, 122 millions en 1930.

I. Le peuplement

A. Il est dû essentiellement à l'immigration :

- cette immigration est avant tout *venue d'Europe au XIXe siècle* (50 millions au total) : Britanniques au début, puis Allemands et Scandinaves et enfin méditerranéens, slaves, juifs, etc. ;
- après le record de 1914 (1 200 000 entrées), *le mouvement est freiné* par des lois restrictives, un peu adoucies depuis 1945 ;
- un million de *Chinois et Japonais* se sont installés au XIXe siècle sur la côte pacifique ; et 2 millions de *réfugiés asiatiques* ont rejoint les États-Unis depuis 1970.
- il y a beaucoup d'immigrés clandestins (Mexicains en particulier).

B. L'accroissement se ralentit :

- *la natalité faiblit,* autour de 15 actuellement (pour 1 000 habitants), au lieu de 32 en 1900 ;
- *la mortalité se stabilise* autour de 8,5 p. 1 000 (17 en 1900) ;
- la pyramide des âges montre une *population vieillissante* (dessin 3).

II. La répartition des hommes

A. Répartition géographique :

- *la densité générale* reste faible (26 au km^2) ; les 2/3 de la population vivent à l'est du Mississippi ;
- *des migrations internes* déplacent de forts courants, toutefois, en direction du «Sun Belt» en développement, de la Floride à la Californie ;
- *les régions du Centre et de l'Ouest intérieur* sont peu peuplées ; l'Alaska est pratiquement vide.
- *la population urbaine atteint 80 % ;* trente agglomérations dépassent le million d'âmes ; sur 500 km, de Boston à New York et Washington, la «Megalopolis*» rassemble près du quart des Américains. Les *problèmes* sont nombreux : pollution, circulation, approvisionnement en eau, paupérisation des quartiers centraux, etc.

B. Les minorités :

- *les Noirs,* descendants des anciens esclaves, sont 28 millions ; la moitié vivent aujourd'hui dans le Nord et en Californie (au lieu de 9 sur 10 dans le Sud en 1900) ; Washington compte 75 % de Noirs, Chicago 40 %.
- *les Hispano-Américains* (Mexicains, Cubains, ...) et les *Portoricains* (île américaine des Antilles) vivent dans le Sud et les grandes villes, où ils forment une masse souvent misérable ;
- *les Indiens* (1 million) sont dans des réserves ou les taudis des villes ;
- pour tous se pose le problème de la ségrégation* et celui de la pauvreté ; un Noir sur trois est classé «pauvre», contre un Blanc sur onze.

Répartition de la population

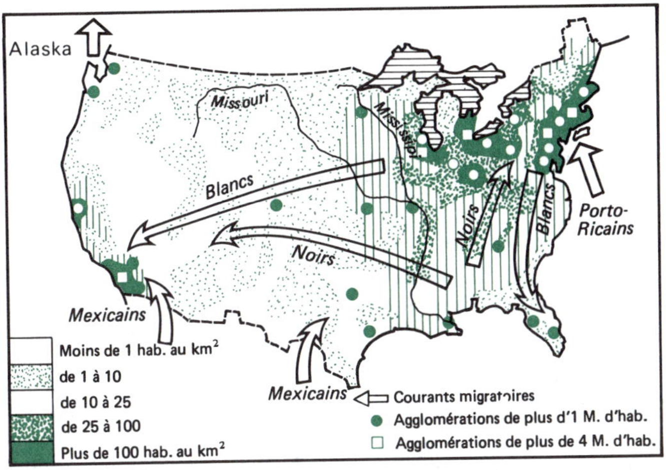

1. En vous reportant aux cartes des autres chapitres sur les États-Unis, expliquez la répartition de la population.

Noirs et Mexicains aux États-Unis

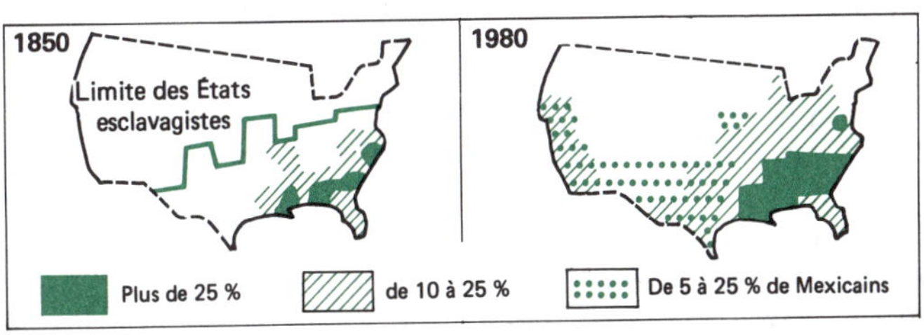

2. Comparez ces deux cartes et trouvez des éléments d'explication.

3. Repérez ces agglomérations sur une carte (chap. 44).

Les principales agglomérations

New York	: 17,7 millions d'hab.
Los Angeles	: 7,5 millions d'hab.
Chicago	: 7 millions d'hab.
Philadelphie	: 4,7 millions d'hab.
Detroit	: 4,3 millions d'hab.
Houston	: 3 millions d'hab.
Washington	: 3 millions d'hab.

Pyramide des âges

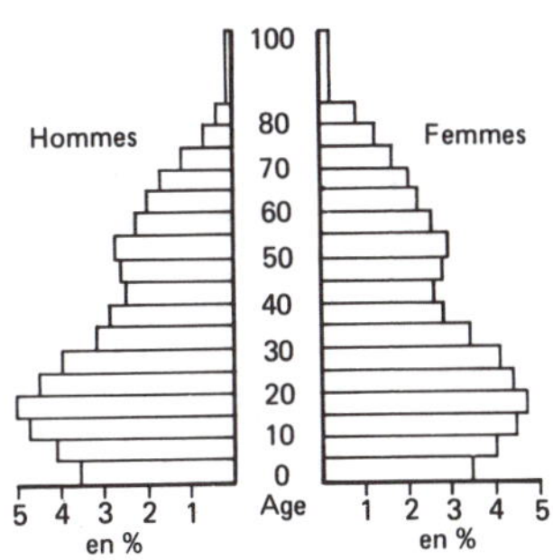

4. Pourquoi peut-on parler d'une population vieillissante ?

43. États-Unis : agriculture

Avec seulement 5 % des habitants du globe, les États-Unis fournissent une part importante de la production agricole mondiale.

I. Caractères de l'agriculture américaine

A. Des conditions naturelles favorables : sols et climats (chap. 40) ; à peine plus du 1/5 de la surface totale est utilisé, beaucoup de terres restent en réserve.

B. Des méthodes industrielles :
- *la terre n'est que le support d'un produit,* sans cet attachement charnel qu'éprouve pour elle le paysan européen ;
- *les exploitations sont hautement mécanisées,* et emploient peu de main-d'œuvre : le type en est la «ferme à un homme» sur plusieurs centaines d'hectares. Aussi ne compte-t-on que 3 millions d'agriculteurs, environ 2,8 % de la population active (France 8 %, U.R.S.S. 20 %) ;
- *la spécialisation est poussée* (carte 1 ci-contre) : exemple les *feed-lots,* parcs d'embouche du Centre-Ouest, véritables usines à viande ;
- *la recherche agronomique est active,* permettant d'intensifier les rendements qui ont doublé en quarante ans.

C. Une liaison étroite avec la commercialisation :
- *en amont :* la production d'engrais, de machines, etc. ;
- *en aval :* la vente et la distribution, les conserveries, etc.

II. Résultats et problèmes

A. Des résultats spectaculaires : un fermier nourrit 70 personnes (un paysan soviétique 10). Les denrées agricoles totalisent le 1/5 des exportations : c'est le «Food Power*».

B. Des problèmes subsistent :
- *érosion des sols,* combattue avec vigueur ;
- *concentration croissante,* au profit souvent de sociétés cherchant des gains rapides (notamment dans l'ouest et le centre) ;
- *endettement des petits fermiers :* si un douzième des exploitants se partagent les 2/3 du revenu global, un million de familles sont «pauvres».
- *problèmes de stockage, de vente, de surproduction,* nécessitant l'intervention de l'État fédéral, et causant des rivalités avec les producteurs européens sur les marchés.

Denrées agricoles	1946 (en millions de tonnes)	1984 (en millions de tonnes)	Rang
Blé	31	70	2e
Maïs	82	194	1er
Soja	5	52	1er
Coton	2	5	2e
Agrumes	7	10	2e

Produits animaux	Millions de têtes	Rang
Bovins	114	4e
Porcs	56	3e
Ovins	11	24e
Pêche (en millions de tonnes)	5	4e

Régions agricoles

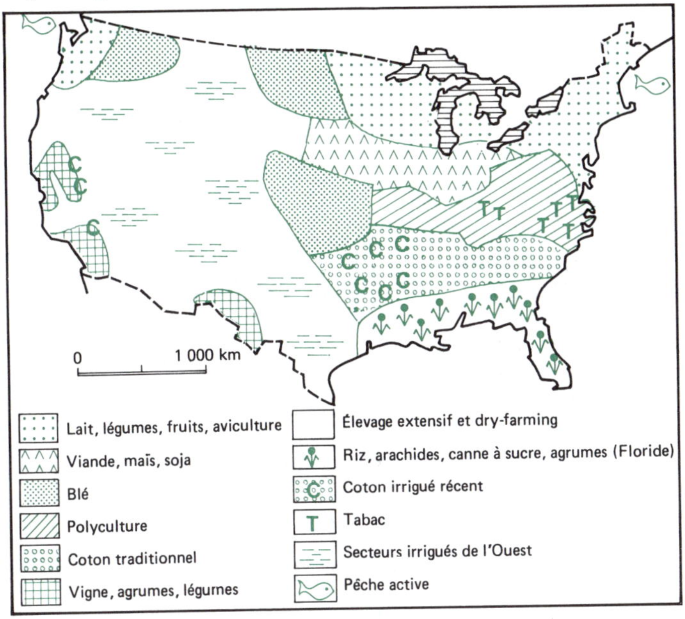

Valeur de la production agricole selon les régions

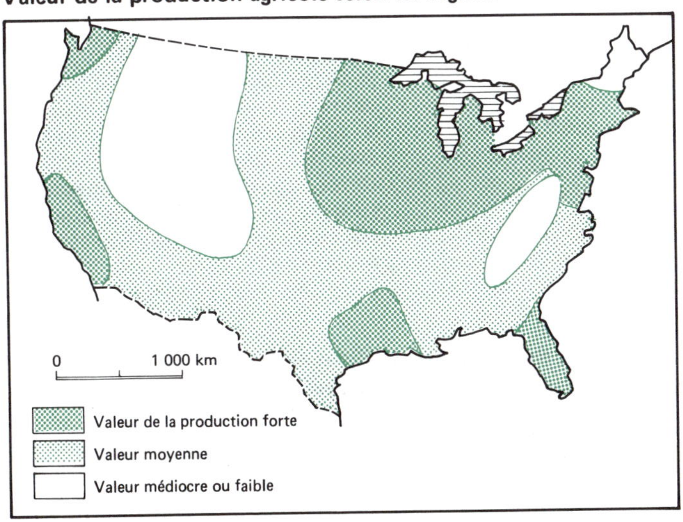

1. Sur la carte 1, expliquez la localisation des types de productions végétales et animales.
2. Comparez la carte 2 à la carte du relief et à celle des précipitations (chap. 40).

44. États-Unis : énergie et industries

Des industries gigantesques

A. Les industries lourdes :
- sidérurgie très concentrée (U.S. Steel, Bethlehem Steel) ; la production d'acier stagne (83 Mt), dépassée par U.R.S.S. et Japon ;
- métallurgie des non-ferreux aussi concentrée (Alcoa, Kaiser) ; le tiers de l'aluminium mondial ;
- chimie (Du Pont de Nemours).

B. Les industries de pointe* :
- informatique (I.B.M.), nucléaire (General Electric), aérospatiale (N.A.S.A., Boeing) en tête du monde ;
- l'électronique (A.T.T.) se heurte à la concurrence japonaise.

C. Les industries de transformation :
- automobile (General Motors, Ford), 10 millions de véhicules, le quart du monde, mais moins que le Japon ;
- machines-outils, textile, alimentation, bâtiment : 1er rang mondial.
- construction navale : en déclin.

Anciennes et nouvelles régions

A. Le Manufacturing Belt (Nord-Est) baisse en importance relative :
- *Nouvelle-Angleterre* (Boston), centre ancien du textile et du cuir, reconverti dans l'électronique et les industries de pointe* ;
- *Megalopolis** : fabrique encore le quart de la production américaine : acier, papier, chimie, confection...
- *zone Ohio-Grands Lacs* : se maintient avec Detroit (automobile), Pittsburg, Chicago, Duluth (acier), Buffalo, St-Louis (mécanique), Chicago (conserves), etc.

B. Les régions périphériques totalisent aujourd'hui la moitié des emplois (30 % en 1940) :
- au *Vieux Sud* (tabac, textile, industries différenciées) s'oppose le *Jeune Sud* (Texas) : pétroléochimie, aluminium, aérospatiale...
- *sur la côte pacifique,* développée avec les guerres de 1941-45, de Corée, du Vietnam ; aéronautique (Boeing à Seattle), mécanique, électronique (Silicon Valley), ...
- *dans l'intérieur,* des centres isolés le long des voies ferrées.

Rang mondial des États-Unis

Matières premières minérales :
1er rang : cuivre, phosphates, sel, soufre - 2e : plomb - 3e : argent, fer - 4e : or, potasse - 5e : zinc ; mais il faut importer 1/3 du fer, 9/10 de la bauxite, du chrome, du manganèse, du nickel, ...

Industries de transformation :
1er rang : avions, ordinateurs, aluminium, papier, engrais, plastiques, caoutchouc synthétique, confection...

Charbon : 751 Mt, 1er rang, le tiers des réserves mondiales.

Pétrole et gaz naturel plafonnent : 486 Mt de pétrole (2e rang), 487 milliards m3 de gaz (2e rang).

Électricité : 2 000 milliards kWh, 1er rang. Origine thermique 70 %, hydraulique 15 %, nucléaire 15 %.

Les États-Unis consomment le tiers de l'énergie mondiale.

Principales sources d'énergie aux Etats-Unis

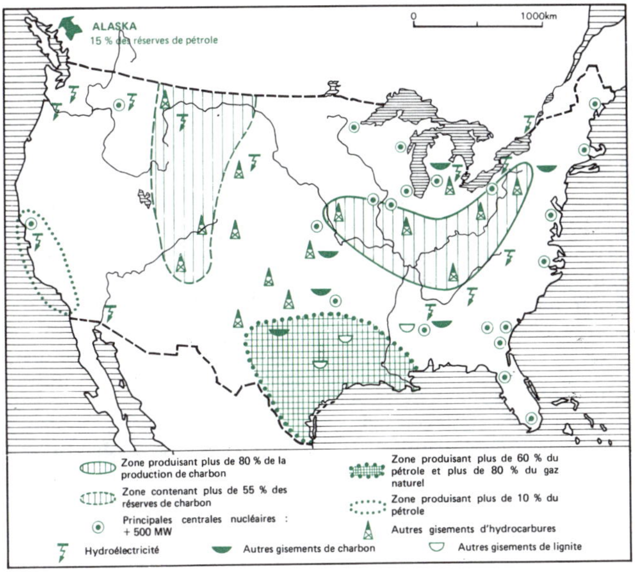

Foyers industriels des Etats-Unis

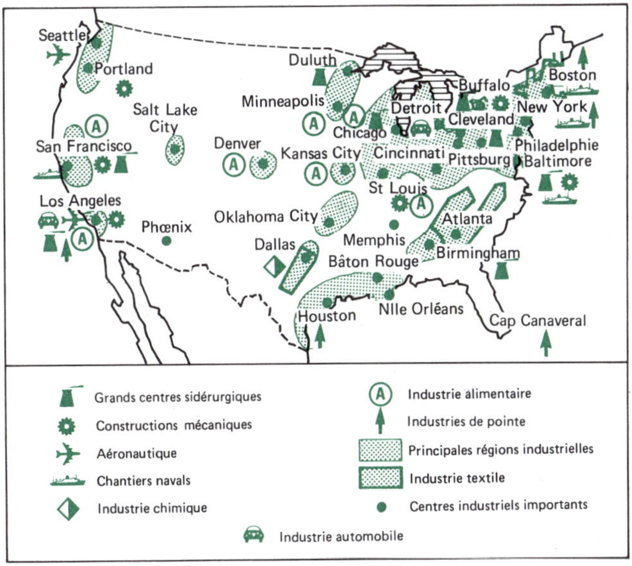

45. États-Unis : commerce et place dans le monde

I. Un dense réseau de transports intérieurs

A. Le rail a joué un rôle primordial dans le peuplement ; mais son réseau de 330 000 km (le tiers du monde) est négligé, les voyageurs l'empruntent peu ; il transporte le tiers des marchandises : charbon, bois, matériaux divers, denrées agricoles, etc.

B. La route (6 millions de km parcourus par 125 millions de voitures et 36 millions d'utilitaires) accapare 1/4 du trafic marchandises : produits chimiques, alimentaires, matériel, colis, etc.

C. L'avion est très utilisé par les voyageurs : 13 000 aéroports desservis par 30 compagnies transportant le tiers des passagers mondiaux.

D. La voie d'eau (Grands Lacs, Mississippi, cabotage) est empruntée par 15 % des marchandises : minerais, charbon, produits lourds, céréales.

E. La part des **oléoducs* et gazoducs*** (25 %) ne cesse de croître. Ils soulagent les autres modes de transport.

II. La première puissance commerciale du globe

A. Importations : pétrole, minerais, denrées exotiques, et surtout produits manufacturés (autos, TV, Hi-Fi, produits de luxe, etc.).

B. Exportations : céréales, produits fabriqués (machines, avions), produits chimiques, charbon.

C. Partenaires commerciaux : voir fig. 4 ci-contre.

D. La balance commerciale est de plus en plus déficitaire : 5 Mds de dollars en 1974, 120 en 1984) : d'où une tendance au retour du protectionnisme*.

III. Une place de premier plan dans le monde

A. Des firmes gigantesques qui ont investi dans le monde entier (fig. 2-3) 200 milliards de dollars, chiffre quadruplé depuis 1965.

B. Une supériorité technologique incontestable : vente de brevets, d'ordinateurs, etc., doublée d'une influence culturelle (cinéma, TV, agences de publicité, etc.).

C. La flotte marchande pourtant n'arrive qu'au 6e rang mondial, avec 19 Mtjb* ; ceci s'explique par le recours aux pavillons de complaisance. Les deux principaux ports sont la Nouvelle-Orléans et New York (2e et 4e du monde).

D. Le dollar joue pratiquement le rôle de monnaie internationale. Voir chap. 21.

Pavillon de complaisance : immatriculation d'un navire non dans le pays de son propriétaire, mais dans un État étranger aux charges fiscales et sociales plus faibles (Liberia, Panama, ...).

Le système des Grands Lacs

Les 13 premières firmes mondiales :

1. **Exxon** (pétrole)	É.-U.
2. **Royal Dutch Shell** (pétrole)	Holl. et G.-B.
3. **General Motors** (automobile)	É.-U.
4. **Mobil** (pétrole)	É.-U.
5. **Ford** (automobile)	É.-U.
6. **B.P.** (pétrole).	G.-B.
7. **Texaco** (pétrole)	É.-U.
8. **I.B.M.** (informatique) . . .	É.-U.
9. **Du Pont** (chimie)	É.-U.
10. **A.T.T.** (télécommunications)	É.-U.
11. **General Electric**	É.-U.
12. **Standard Oil Indiana**	É.-U.
13. **Chevron** (pétrole)	É.-U.

Investissements américains dans le monde

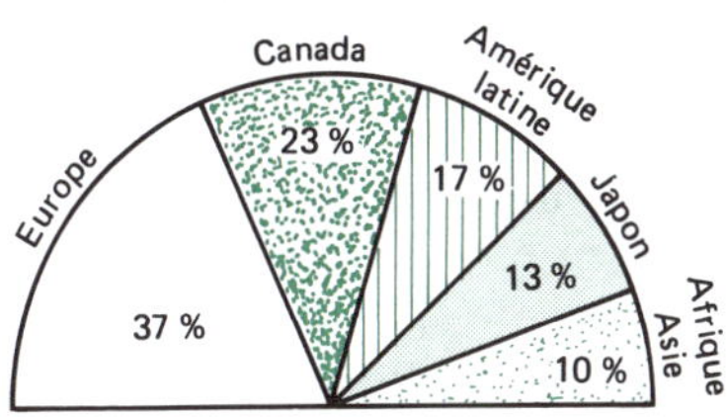

Balance commerciale des États-Unis (1984)

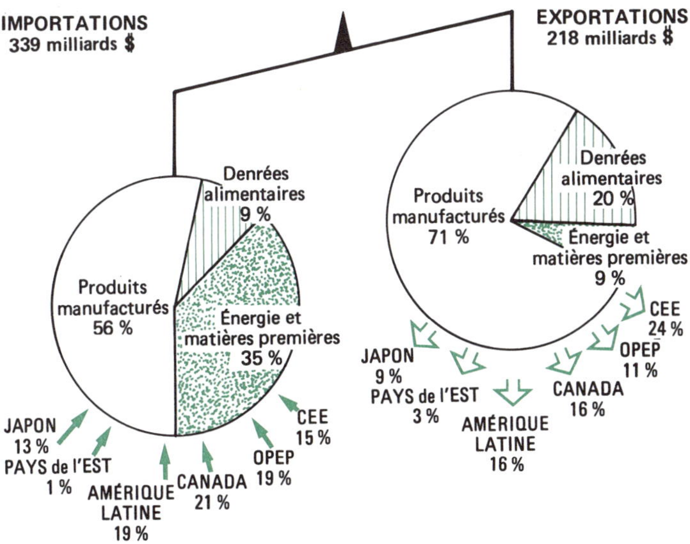

△ Avec quels groupes de pays la balance est-elle déficitaire ? Et bénéficiaire ? Quel est le solde de la balance commerciale ?

46. L'espace soviétique

L'Union Soviétique est le plus vaste État du globe ; il est profondément enfoncé dans l'immense continent eurasiatique.

I. Immensité du pays, monotonie du relief

A. L'U.R.S.S. est grande comme 2 fois et demie les États-Unis, 40 fois la France : avec 22 400 000 km^2, elle couvre le 1/6 des terres émergées. Le Transsibérien met 9 jours pour aller de Moscou à Vladivostok et traverse 8 fuseaux horaires.

B. Le relief est extrêmement simple :

- *un ensemble de plateaux et de plaines,* la plate-forme russo-sibérienne, s'étend d'ouest en est, partagé en quatre régions : la plaine russe, la plaine de Sibérie occidentale, les plateaux de Sibérie centrale, la cuvette d'Asie centrale ; l'Oural n'est pas une barrière et n'a jamais arrêté les migrations ;
- *une ceinture montagneuse* entoure le pays : Carpathes, monts de Crimée, hautes chaînes du Caucase et du Pamir, montagnes de la frontière chinoise, volcans du Kamchatka.

II. Climat, végétation, hydrographie

A. Le climat est continental :

- les 3/4 du territoire sont au nord du 50e parallèle (latitude de la frontière nord des États-Unis) ;
- *les influences polaires* peuvent se diriger sans obstacle loin au sud ;
- *les influences océaniques sont très atténuées ;*
- aussi constate-t-on des *écarts thermiques* accusés (de – 50° C à + 30° C en Sibérie), tandis que les *précipitations* restent médiocres (carte 2) ;
- *quelques exceptions près des mers :* côte de la Baltique (océanique), côte de la mer Noire (climat méditerranéen), Extrême-Orient (mousson).

B. Les zones de végétation se succèdent en bandes parallèles : *toundra* au nord, puis *taïga,* puis forêt de feuillus, puis steppe (noire sur le *tchernoziom,* grise, blanche enfin), et ensuite le désert. Voir carte chap. 49.

C. Les fleuves (Volga, Dniepr, Don) constituent des voies de pénétration, mais ceux d'Asie comme l'Ob, l'Iénisseï ou la Léna sont orientés sud-nord et peu utiles.

D. Comme eux, **les mers intérieures** (Caspienne, Aral, Baïkal) gèlent en hiver.

Quelques définitions

Toundra : végétation maigre de mousses et de lichens, dans l'Arctique.

Taïga : forêt de conifères.

Tchernoziom («terre noire») : sol fertile de loess et d'humus.

Relief de l'U.R.S.S.

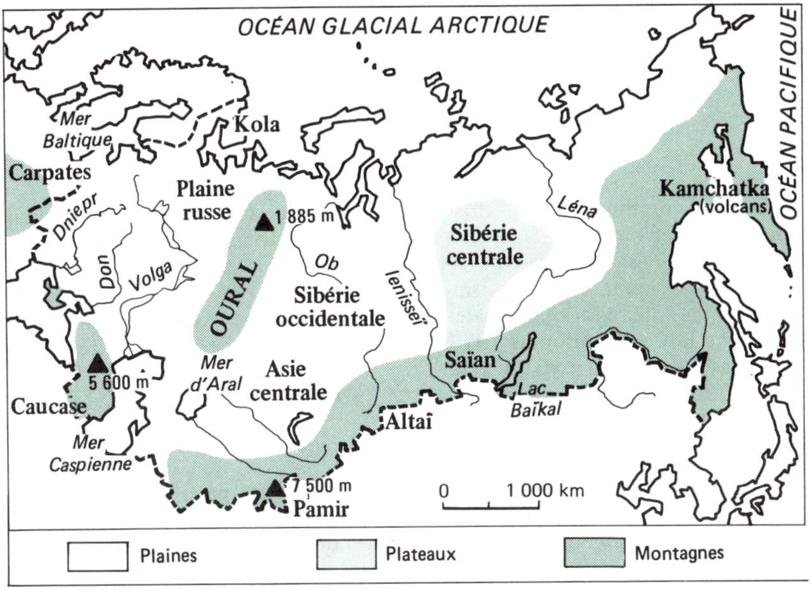

Précipitations en U.R.S.S.

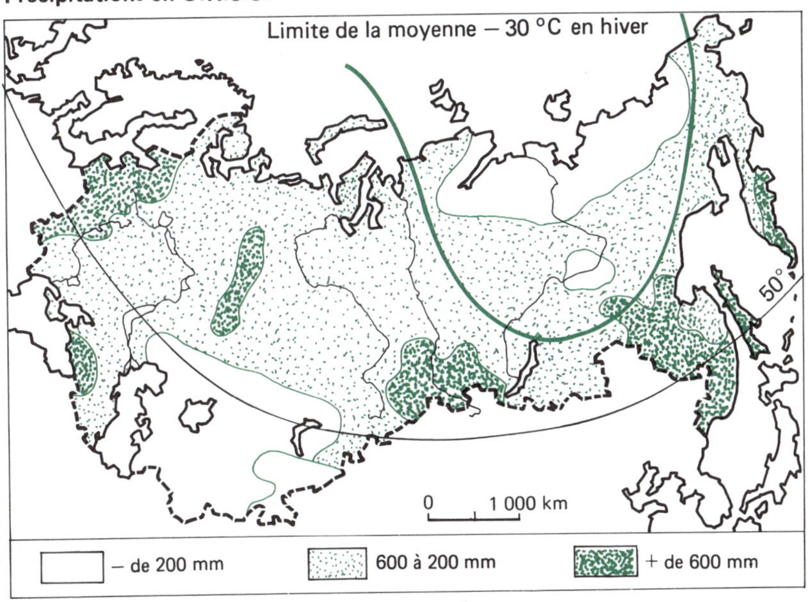

△ Pourquoi certaines régions sont-elles plus arrosées ? L'aridité du Grand Nord a-t-elle les mêmes causes que celle de l'Asie centrale ? Comparez avec l'Amérique du Nord (chap. 40, carte 2).

47. U. R. S. S. : cadre politique, économique et social

I. Institutions politiques

A. Le parti communiste «est la force qui dirige et oriente la société soviétique ; c'est le noyau de son système politique, des organismes d'État et des organisations sociales» (art. 6 de la Constitution de 1977). N'est pas membre du parti qui veut : c'est un honneur d'y être admis.

B. L'État soviétique est un État fédéral associant quinze républiques égales en droit, possédant leurs institutions et l'autonomie culturelle. Il peut exister en leur sein des républiques et territoires autonomes. La capitale de l'Union soviétique est Moscou.

II. Économie socialiste et planifiée

A. Les moyens de production et d'échange sont propriété de la collectivité : l'État (mines, usines, sovkhozes*, magasins, banques, transports) ou les coopératives (notamment les kolkhozes*). Chaque citoyen est rémunéré selon le travail fourni. La propriété individuelle (lopin de terre, logement, épargne) est très limitée.

B. Le plan a force de loi. Depuis 1928, il traduit les choix fondamentaux du parti et de l'État. Le Gosplan (Ministère du Plan) définit les objectifs et les moyens à mettre en œuvre. Le plan est impératif et est généralement conçu pour une durée de cinq ans.

C. Des réformes ont tenté d'assouplir le plan, trop rigide : davantage d'autonomie aux entreprises ; recherche de la rentabilité, meilleure qualité des produits... Elles restent jusqu'ici assez peu efficaces.

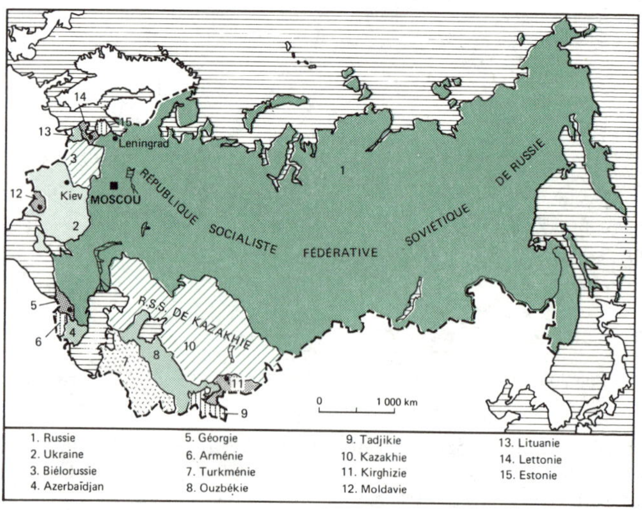

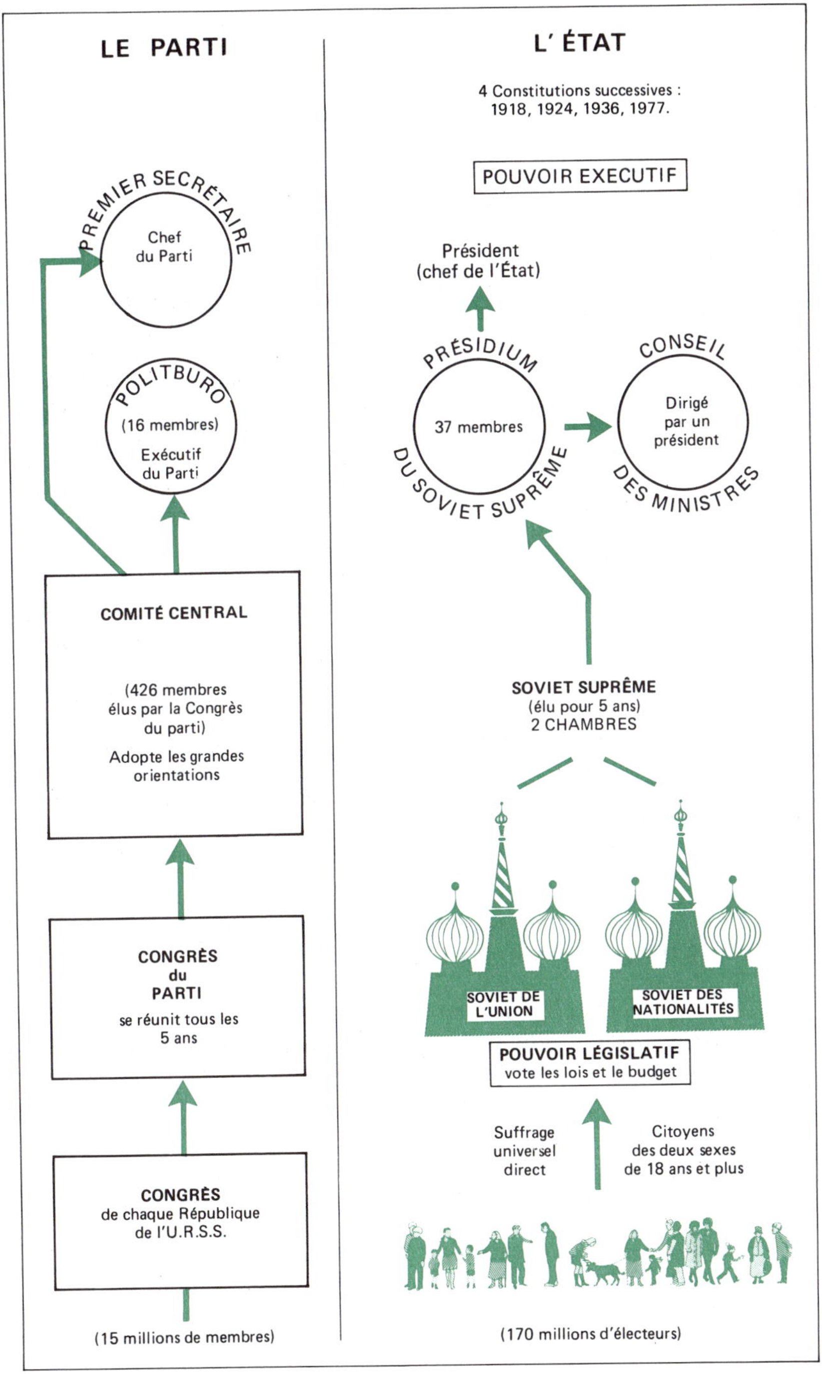
LE PARTI
PREMIER SECRÉTAIRE
Chef du Parti
POLITBURO
(16 membres)
Exécutif du Parti
COMITÉ CENTRAL
(426 membres élus par la Congrès du parti)
Adopte les grandes orientations
CONGRÈS du PARTI
se réunit tous les 5 ans
CONGRÈS
de chaque République de l'U.R.S.S.
(15 millions de membres)
L'ÉTAT
4 Constitutions successives : 1918, 1924, 1936, 1977.
POUVOIR EXECUTIF
Président (chef de l'État)
PRÉSIDIUM DU SOVIET SUPRÊME
37 membres
CONSEIL DES MINISTRES
Dirigé par un président
SOVIET SUPRÊME
(élu pour 5 ans)
2 CHAMBRES
SOVIET DE L'UNION
SOVIET DES NATIONALITÉS
POUVOIR LÉGISLATIF
vote les lois et le budget
Suffrage universel direct
Citoyens des deux sexes de 18 ans et plus
(170 millions d'électeurs)

48. U.R.S.S. : population

I. Un état multinational

A. L'U.R.S.S. offre une grande diversité ethnique (126 nationalités). Depuis 1922 c'est un État fédéral qui comprend aujourd'hui quinze républiques fédérées (chap. 47 carte).

B. Les Slaves forment les trois-quarts de la population : Russes (145 millions), Ukrainiens, Biélorusses ont conquis et organisé l'espace. Leur influence culturelle, politique et économique demeure prépondérante.

C. Les populations non-Slaves (25 % du total) présentent une mosaïque de peuples divers : Baltes (Estoniens, Lettons, Lituaniens), Moldaves, peuples du Caucase, Géorgiens, Arméniens, Turco-Mongols d'Asie centrale (Ouzbeks, Kazakhs, Kirghizes, Turkmènes, ...), petits peuples sibériens, etc.

II. Une évolution démographique hachée

A. Les crises intérieures (guerre civile, collectivisation des terres, déportations), **les deux guerres mondiales** (20 millions de morts de 1941 à 1945) ont atteint profondément le pays : en 1945, le nombre d'habitants était revenu au niveau de 1914.

B. L'excédent naturel est seul responsable de l'augmentation de population, car il n'y a pas d'immigration.

- *le taux de natalité,* longtemps élevé, est en recul mais se stabilise ;
- *le taux de mortalité* remonte légèrement (vieillissement, alcoolisme).

C. Les républiques européennes connaissent une croissance démographique faible, comparée à la **véritable explosion des pays du Caucase et d'Asie centrale** : le taux de natalité est de 12 ‰ dans la région de Moscou, mais de 30 ‰ dans les républiques d'Asie centrale. D'ici 2010, la population musulmane devrait doubler et son poids relatif atteindre 27 % du total.

III. Une répartition très inégale

A. Un peuplement discontinu oppose les densités relativement fortes de la partie européenne aux vides humains de la Sibérie .

B. Les migrations intérieures ont longtemps été intenses grâce à la vitalité des Russes qui ont franchi dès le 16e siècle, en vagues successives, l'Oural vers l'est. Cette mobilité tend à se réduire ; d'ailleurs, les Turco-musulmans y sont réfractaires.

C. On note enfin une forte proportion de ruraux (35 %).

	Surface	Population	Densité
Ouest	22 %	67 %	39
Est	78 %	33 %	6

Moscou : 8 millions d'h.
Leningrad : 4,6 millions d'h.
Kiev : 2,2 millions d'h.

Évolution démographique en U.R.S.S.

Années	Population (en millions)	Natalité en ‰	Mortalité en ‰
1870.	86		
1913.	160		
1940.	194	31,2	18
1950.	178	26,7	9,7
1960.	208	24,9	7,1
1970.	241	17,4	8,2
1985.	278	18,7 (1)	10,3 (1)

(1) en 1981.

Deux pyramides des âges : Russie d'Europe et Asie centrale

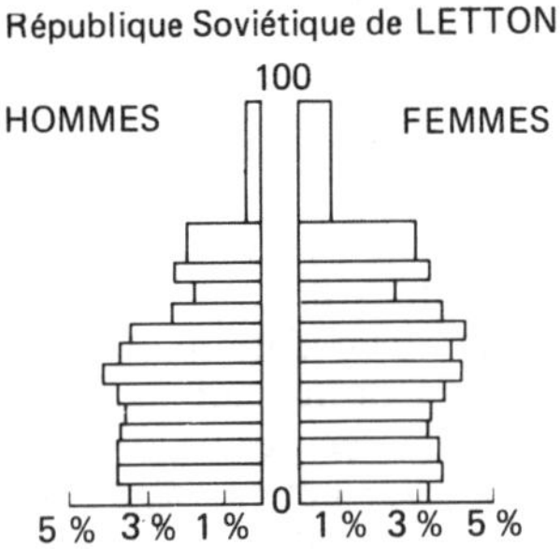

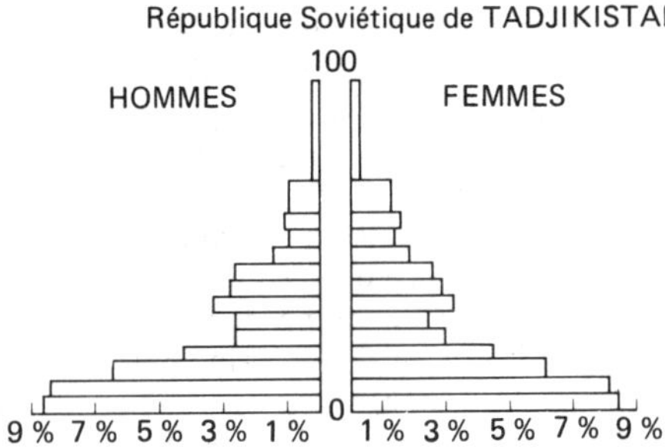

Densité et urbanisation en U.R.S.S.

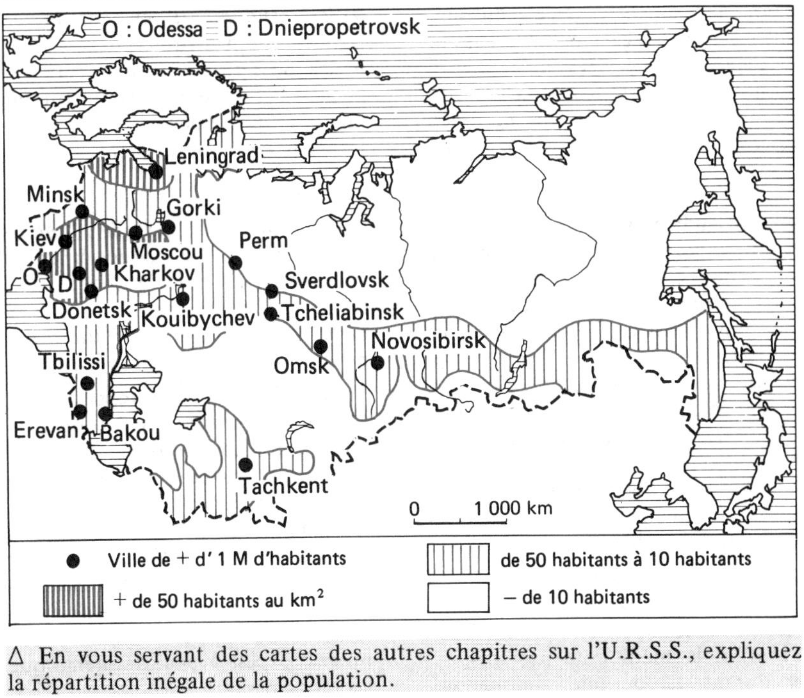

Δ En vous servant des cartes des autres chapitres sur l'U.R.S.S., expliquez la répartition inégale de la population.

49. U.R.S.S. : agriculture

L'U.R.S.S. est une grande puissance agricole. Les productions sont massives, diversifiées, mais les résultats restent souvent insuffisants.

I. Le bilan

A. Les cultures sont plus développées que l'élevage :

- *les céréales occupent les trois cinquièmes des terres labourées :* blé au premier rang, orge, seigle et avoine ; maïs peu important ;
- *la betterave à sucre* (terres noires), en expansion jusqu'en 1960, stagne avec les importations de sucre de canne cubain ;
- *le tournesol* est le principal oléagineux (Ukraine) ;
- *les plantes textiles* sont le lin, dans le nord-ouest, et le coton de Transcaucasie et d'Asie centrale, cultivé avec irrigation (une réussite de l'agriculture soviétique) ;
- noter l'importance de la *pomme de terre,* du *thé* et des *agrumes* (Géorgie), des *cultures de fruits et de légumes* (lopins individuels) pourtant en quantité insuffisante, de la *vigne* (Crimée, Géorgie).

B. L'élevage éprouve des difficultés chroniques :

- *trois types se distinguent : élevage bovin* sur prairies naturelles (nord-ouest), par stabulation (terres noires), ou transhumant (sud-est européen) ; *élevage porcin,* le plus répandu, en essor net ; *élevage ovin* transhumant ou sédentaire (zones irriguées) dans les steppes ;
- *les rendements en lait et en viande* restent médiocres ;
- les Soviétiques demandent à *la pêche* (2e rang mondial) un complément de protéines ; leurs navires-usines parcourent les mers.

II. Les problèmes

A. Le handicap agricole :

- *le nombre des agriculteurs* est beaucoup plus élevé que dans les autres pays industrialisés : 26 millions d'actifs (3 millions aux États-Unis) ;
- *la productivité est faible* ; la mécanisation, la consommation d'engrais restent insuffisantes ;
- *l'irrégularité des récoltes de céréales* rend nécessaires des importations qui grèvent la balance commerciale (chap. 51).

B. Les causes de ce retard :

- *l'espace cultivable est restreint* (le 10e de la superficie) par le froid, l'aridité, la médiocrité des sols, ...
- durant la période stalinienne, *l'agriculture a été sacrifiée à l'industrialisation ; la collectivisation brutale de 1930-1935* (chap. 5) a freiné le développement ;
- *la collecte et la distribution des produits* sont souvent déficientes.

C. Des efforts sont entrepris :

- *depuis quinze ans les investissements ont été multipliés ;*
- *la superficie cultivable s'est étendue* («terres vierges» du Kazakhstan); de grands travaux ont irrigué les steppes du Don et d'Asie centrale ;
- *la recherche agronomique* a mis au point de nouvelles semences ; la spécialisation des exploitations progresse peu à peu, de même que les rendements.

Grands types d'exploitation du sol en U.R.S.S.

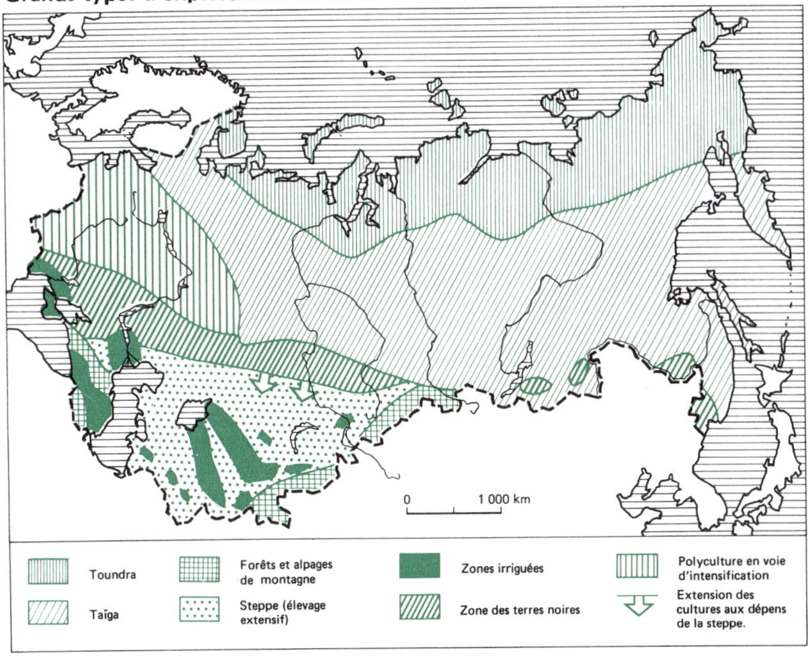

1. Comparez cette carte et celle des précipitations (chap. 46).

Tableau des principales productions agricoles et rang mondial

	1955	1977	1981	1984	Rang
	(en millions de tonnes)				
Blé	47,3	92	90	76	2e
Orge	10	52	42	42	1er
Seigle	16,4	8,4	8,5	10,5	1er
Betterave . .	26	93,3	60	74	1er
Coton	2,5	5,4	6,3	5,3	3e
Tournesol .	3,8	5,9	4,6	5	1er
Pêche	2,4	9,3	9	10,5	2e
	(en millions de têtes)				
Bovins. . . .	64	110	115	119	3e
Ovins	117	139	141	145	1er
Porcins . . .	51	63	73	79	2e

2. Pourquoi les chiffres ci-dessus sont-ils irréguliers ? Quelles conséquences cela entraîne-t-il sur le commerce extérieur (chap. 51) ?

50. U.R.S.S. : énergie et industries

I. Des ressources abondantes

A. Charbon : 3e rang après États-Unis et Chine (500 Mt).

B. Hydrocarbures* : 1er rang pour le *pétrole* (613 Mt, 22 % du monde) et pour le *gaz* (587 Mds m^3, 35 % du monde), avec d'immenses réserves, notamment en Sibérie (3e Bakou) ; forte exportation.

C. Électricité : 2e rang (1 500 Mds kWh, 17 % du monde). Les centrales thermiques apportent 77 % du total, l'hydro-électricité 14, le nucléaire 9.

D. Minerais variés et abondants (surtout dans l'Oural) :
1er rang pour le fer, le manganèse, le nickel, le plomb, la potasse ;
2e rang pour le cuivre, le chrome, le zinc, l'or, les phosphates ;
4e rang pour le sel, la bauxite, l'antimoine, le soufre.

II. La seconde industrie du monde

La production est assurée par des firmes d'État, associées en trusts* et combinats*.

A. Les industries lourdes restent prépondérantes :
- *la sidérurgie* est la première du monde, avec 154 Mt d'acier ;
- *la métallurgie des non-ferreux* est souvent alliée aux grands barrages : 1er rang pour le cuivre raffiné, l'étain, le zinc, 2e pour l'aluminium.

B. Les industries de transformation sont plus attardées :
- *l'automobile* se développe lentement, avec l'aide étrangère (Fiat) : 2 200 000 véhicules, dont 40 % d'utilitaires ;
- *les biens de consommation :* textile, électroménager, électronique, sont encore en retard face aux besoins, de même que la chimie.

III. Régions industrielles d'Europe et d'Asie

A. La partie européenne demeure la plus importante :
- vieux «pays noir» du *Donbass ;*
- grandes métropoles dotées de toutes les activités ; *Moscou, Leningrad ;*
- une rue de villes industrielles, *le long de la Volga ;*
- quelques centres comme Kiev, Minsk et Riga.

B. L'Asie soviétique est en progrès constants depuis la guerre :
- *l'Oural,* centre de métallurgie lourde ancienne ;
- *la Sibérie occidentale,* aux usines géantes (métallurgie, chimie) ;
- les fronts pionniers et les chantiers du *Nord sibérien ;*
- mais l'*Asie centrale* reste plus traditionnelle (textile dominant).

L'énergie en U.R.S.S.

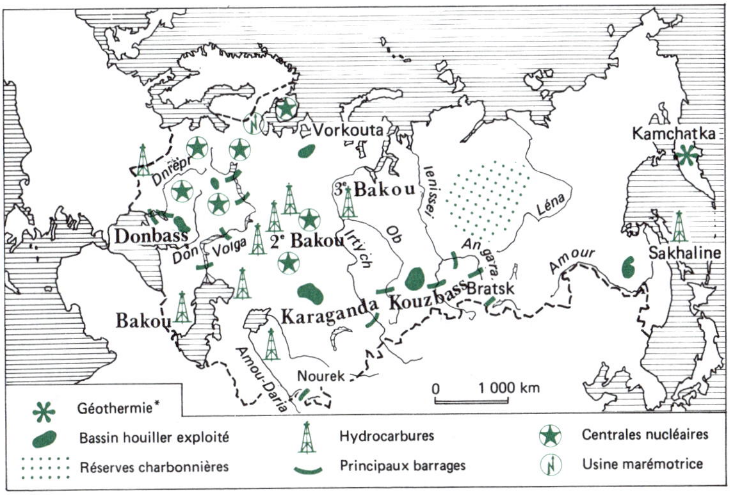

Centres industriels d'Europe et de Sibérie occidentale

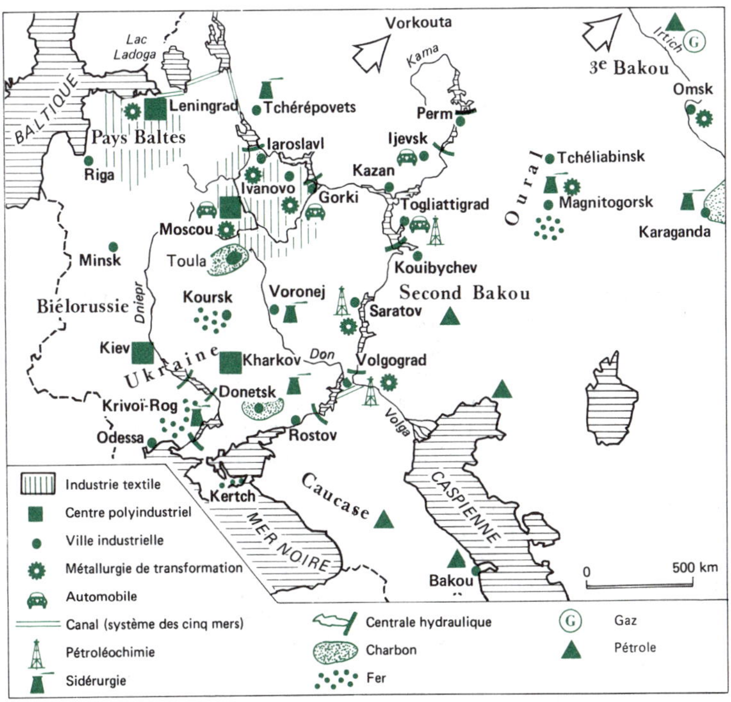

Δ Précisez le rôle de l'énergie dans la localisation des grands centres industriels.

51. U.R.S.S. : transport et commerce

I. Les difficultés des transports

A. Les handicaps :

- l'immensité, la végétation parfois peu pénétrable (taïga), le climat (froid, aridité) ;
- les destructions de la guerre 1941-45 en Russie d'Europe ;
- le manque d'attention pendant longtemps de la part des plans.

B. La voie ferrée joue un rôle essentiel :

- *le réseau ferré*, aménagé dès le XIXe siècle, a été modernisé, parfois électrifié (Transsibérien). La ligne du B.A.M. (Baïkal-Amour-Magistral) désenclave la Sibérie orientale. Mais le trafic est lent et les lignes sont surchargées, le matériel parfois vétuste. Le réseau n'est relativement dense qu'à l'ouest (mais écartement = 1,52 m ; Europe = 1,43 m) ;
- *la route* joue un rôle d'auxiliaire. *L'avion* est seul capable d'accéder aux régions isolées du Nord. *Les voies d'eau* n'ont d'intérêt qu'en Europe (système des Cinq Mers), à part la Voie maritime du Nord, utilisable en été. *Oléoducs* et gazoducs** ont un rôle grandissant ;
- *la flotte marchande* est devenue la 5e du monde. 1er port : Leningrad.

C. L'insuffisance des transports freine l'exécution des plans, rend difficile la mise en valeur de la Sibérie, gêne l'unification du pays.

II. Des échanges extérieurs limités

A. Leur évolution :

- *ils ont quintuplé en vingt ans ;* les raisons en sont politiques (détente avec l'Occident, liens avec le Tiers-Monde* et le camp socialiste) et économiques (besoins alimentaires et en produits d'équipement) ;
- ils ne donnent pourtant à l'U.R.S.S. que *la 6e place dans le monde,* avec 4,6 % du commerce mondial, trois fois moins que les États-Unis ;
- *ces échanges sont planifiés et soumis au monopole d'État.*

B. Leur composition :

- *importations :* denrées alimentaires (grains, viande, café, ...), biens d'équipement (usines clés en mains) et de consommation. L'U.R.S.S. est de loin le premier importateur mondial de céréales ;
- *exportations :* produits bruts (charbon, hydrocarbures*, minerais) et quelques biens d'équipement (machines).

C. Leur orientation :

- plus de la moitié avec *les pays du Comecon** (excédent pour l'U.R.S.S.) ;
- une part grandissante avec *l'Occident* (achat de grains, vente d'hydrocarbures) ;
- un peu avec le *Tiers-Monde** (troc, ou prêts soviétiques).

Les transports en U.R.S.S.

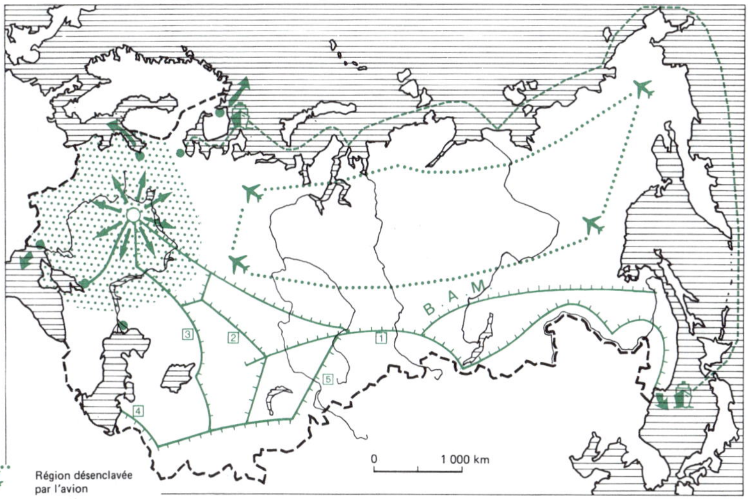

Hiérarchie des modes de transport en U.R.S.S.

Mode de transport	Trafic marchandises	Trafic voyageurs
Ferroviaire	64 %	45,2 %
Routier	6 %	38,6 %
Fluvial	4 %	0,9 %
Maritime	16 %	0,3 %
Aérien	0,5 %	15 %
Oléoducs	9,5 %	—

1. Pourquoi le transport ferroviaire occupe-t-il cette place prépondérante ?

Composition des échanges extérieurs de l'U.R.S.S.

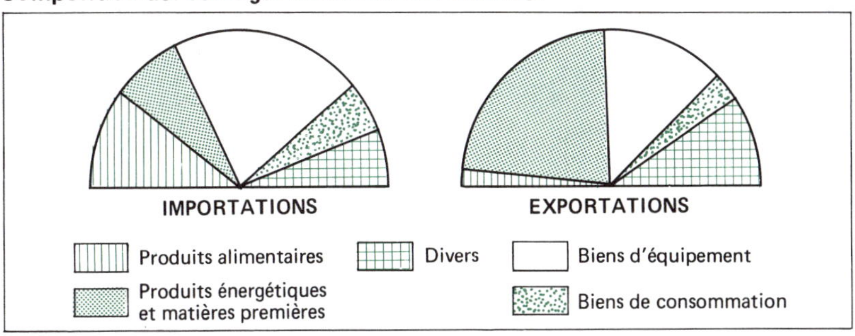

2. Sachant qu'en 1984 les importations ont représenté 65 milliards de roubles, et les exportations 73 milliards (1 dollar = 0,85 rouble), comparez le commerce extérieur de l'U.R.S.S. et celui des États-Unis (ch. 45).

États-Unis et U. R. S. S. :

Superficie États-Unis : 9 363 000 km^2. U.R.S.S. : 22 402 000 km^2.

Population

	États-Unis			U.R.S.S.		
	1900	1946	1985	1900	1946	1985
Nombre d'habitants (en millions) . . .	76	123	239	126	158	278

Densité 1985 E.U. : 25,5 U.R.S.S. : 12,4

[‰]	1955	1970	1985	1955	1970	1981
Natalité	24,6	18,2	15,7	29,6	17,4	18,7
Mortalité	9,3	9,4	8,7	8,4	8,2	10,3

P.N.B. par habitant États-Unis : 14 500 dollars U.R.S.S. : 6 350 dollars

Part des secteurs d'activité

États-Unis		U.R.S.S.
2,5 %	Primaire	20,1 %
31,7 %	Secondaire	56,1 %
65,8 %	Tertiaire	23,8 %

Principales productions agricoles

	États-Unis		U.R.S.S.	
	% du monde	Rang	% du monde	Rang
Blé	13,6 %	3e	14,6 %	2e
Seigle	3 %	5e	30 %	1er
Orge	7,6 %	2e	24 %	1er
Maïs	43 %	1er	3 %	5e
Soja	57 %	1er	0,7 %	10e
Sucre	5 %	6e	8 %	3e
Coton	17 %	2e	14 %	3e

Cheptel et Pêche

Bovins.	9 %	4e	9,5 %	3e
Ovins	1 %	24e	13 %	1er
Porcins	7 %	3e	10 %	2e
Poisson pêché	5,7 %	4e	12,7 %	2e

place comparée dans le monde

Énergie

	États-Unis		U.R.S.S.	
	% du monde	Rang	% du monde	Rang
Charbon	24 %	1er	19,7 %	3e
Pétrole	14,4 %	2e	22 %	1er
Gaz naturel	29 %	2e	35 %	1er
Électricité	27 %	1er	17 %	2e
Centrales nucléaires (nombre)	88	1er	44	3e

Minerais

	États-Unis % du monde	Rang	U.R.S.S. % du monde	Rang
Fer	7 %	3e	27,5 %	1er
Cuivre	13 %	1er	12 %	3e

Industries

	États-Unis		U.R.S.S.	
	% du monde	Rang	% du monde	Rang
Acier	11,6 %	3e	21,7 %	1er
Aluminium	25 %	1er	14,4 %	2e
Textiles synthétiques	24 %	1er	5 %	7e
Automobiles particulières	25 %	1er	4 %	6e
Utilitaires	23 %	2e	8 %	3e

Flotte marchande

États-Unis % du monde	Rang	U.R.S.S. % du monde	Rang
4,6 %	6e	5,8 %	5e

Commerce extérieur

États-Unis % du monde	Rang	U.R.S.S. % du monde	Rang
14,4 %	1er	4,6 %	7e

EXEMPLE 1

I. Commentaire de documents : la Russie soviétique entre 1921 et 1928

Document n° 1 :

«Le communisme de guerre» avait été imposé par la guerre et la ruine...C'était une mesure temporaire. Nous sommes si ruinés, si accablés par le fardeau de la guerre que nous ne pouvons fournir aux paysans des produits industriels en échange de tout le blé dont nous avons besoin... La misère et la ruine sont telles que nous ne pouvons rétablir la petite industrie... Le capitalisme privé peut être utilisé à l'avènement du socialisme... Il n'y a rien là de dangereux pour le pouvoir prolétarien tant que le prolétariat détient fermement le pouvoir, tant qu'il tient solidement en mains les transports et la grande industrie.»

Lénine (1921)

Document n° 2 : L'économie de l'U.R.S.S. de 1913 à 1928

Productions	1913	1922	1928
Céréales (en millions de tonnes) . .	80,1	56,3	73,3
Bovins (en millions de têtes)	60,6	45,8	66,4
Ovins (en millions de têtes)	121,2	91,1	146,7
Houille (en millions de tonnes). . .	29,1	8,6	35,2
Acier (en millions de tonnes)	4,2	0,2	4,3
Électricité (en milliards de kWh). .	1,9	0,5	5

1. Que savez-vous de Lénine ?
2. Que nous apprennent le document n° 1 (lignes 1 à 5) et le document n° 2 sur la situation du pays en 1921-1922 ?
3. Expliquez les expressions : «Le communisme de guerre» ; «pouvoir prolétarien».
4. Quelle est la solution proposée par Lénine afin de permettre le redressement économique de l'U.R.S.S. (document n° 1 lignes 5 à 8) ?
5. Quels sont les résultats obtenus dans les domaines agricole et industriel en 1928 (document n° 2) ?

III. Exercice de localisation

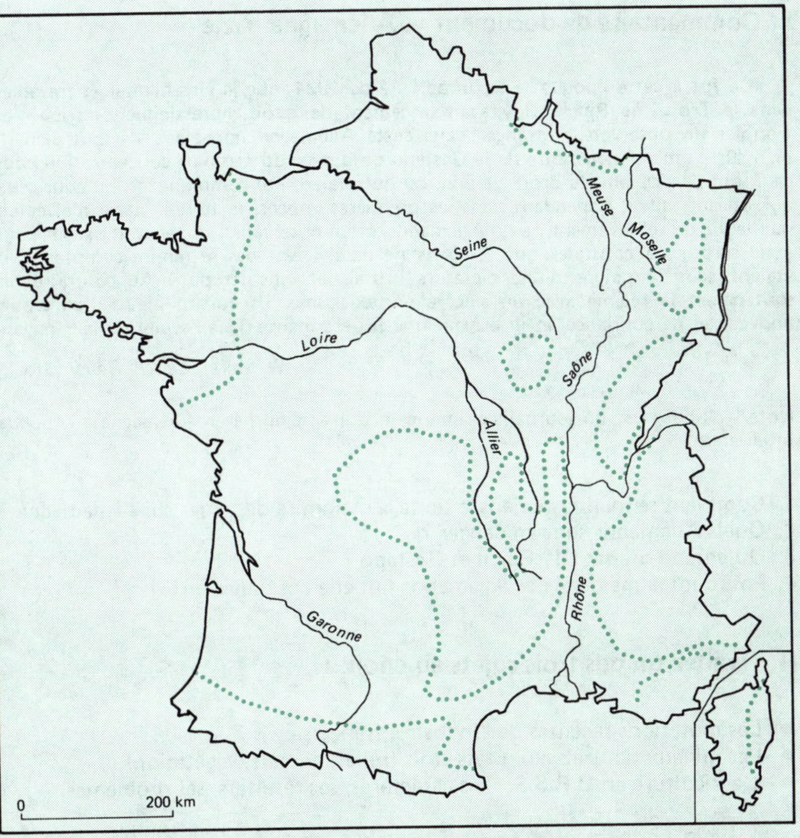

△ Inscrivez sur le fond de carte les éléments du relief suivants : Alpes - Pyrénées - Massif Central - Massif Armoricain - Vosges - Jura - Ardennes - Maures et Esterel - Morvan - partie montagneuse de la Corse - Bassin Parisien - Bassin Aquitain.

EXEMPLE 2

I. Commentaire de document : l'Allemagne nazie

«Ce fut à cette époque, à la fin de l'été de 1934, que je vins habiter et travailler dans le Troisième Reich. Il y avait largement de quoi impressionner, intriguer et troubler un observateur étranger dans cette Allemagne nouvelle... Partout planait, bien sûr, l'ombre menaçante de la Gestapo et la peur du camp de concentration pour ceux qui s'écartaient du droit chemin, ou qui avaient été communistes, ou pour ceux qui étaient juifs... Cependant dans les premières années, la terreur nazie n'affectait que la vie de relativement peu d'Allemands, et un observateur qui arrivait dans le pays était surpris de constater que les gens ne paraissaient pas se rendre compte qu'ils étaient sous la poigne d'une dictature brutale et sans scrupule. Au contraire, ils soutenaient le régime avec un sincère enthousiasme. Ils étaient pleins d'un espoir nouveau et de confiance, et ils avaient une foi étonnante dans l'avenir de leur pays.»

W. Shirer, *Le IIIe Reich* (Stock)

Note. – Shirer est un journaliste américain qui a séjourné en Allemagne à l'époque hitlérienne.

1. Comment se manifeste dans le texte la mainmise de Hitler sur l'Allemagne ?
2. Quels Allemands sont en danger ?
3. Qu'entend-on par IIIe Reich et Gestapo ?
4. Pourquoi la majorité des Allemands fait-elle confiance à Hitler ?

II. Traitez un des trois sujets au choix :

- Les mutations récentes de l'industrie française.
- Les milieux naturels aux États-Unis (relief, climats, végétation).
- L'agriculture en U.R.S.S. : ses caractères, ses résultats, ses problèmes.

III. Exercice de localisation :

△ Indiquez sur la carte de l'Europe les trois «capitales» de la C.E.E. et les noms des pays adhérents de la Communauté en 1986.

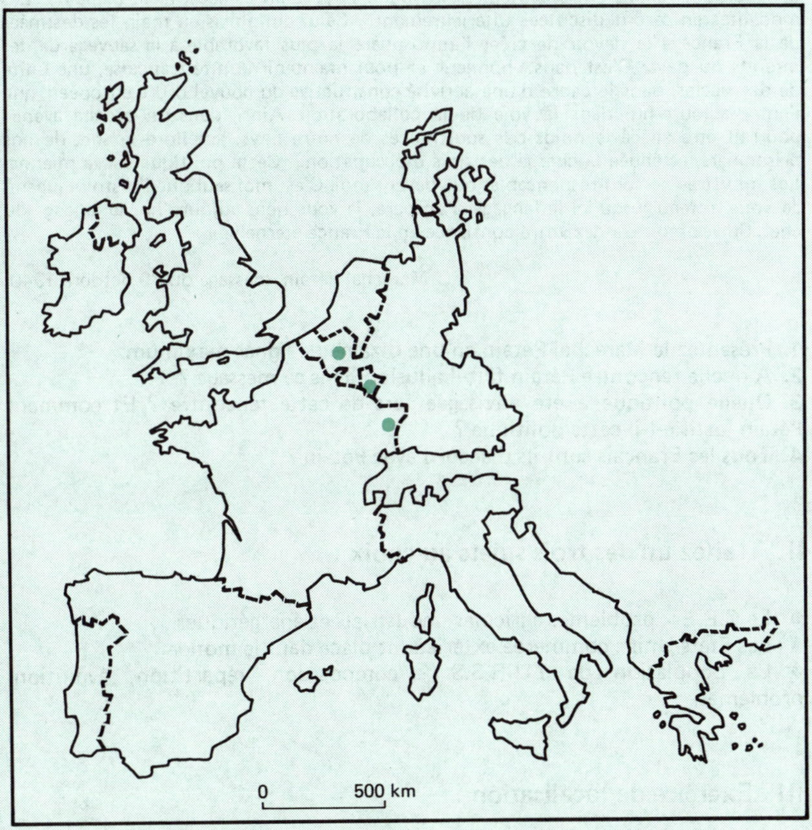

EXEMPLE 3

I. Commentaire de document : la politique de Pétain en octobre 1940

«J'ai rencontré, jeudi dernier, le chancelier du Reich. Cette rencontre a suscité des espérances et provoqué des inquiétudes... C'est librement que je me suis rendu à l'invitation du Führer. Je n'ai subi de sa part aucun «diktat», aucune pression. Une collaboration a été envisagée entre nos deux pays. J'en ai accepté le principe. Les modalités en seront discutées ultérieurement... Celui qui a pris en main les destinées de la France a le devoir de créer l'atmosphère la plus favorable à la sauvegarde des intérêts du pays. C'est dans l'honneur et pour maintenir l'unité française, une unité de dix siècles, dans le cadre d'une activité constructive du nouvel ordre européen, que j'entre aujourd'hui dans la voie de la collaboration. Ainsi, dans un proche avenir, pourrait être allégé le poids des souffrances de notre pays, amélioré le sort de nos prisonniers, atténuée la charge des frais d'occupation... Cette politique est la mienne. Les ministres ne sont responsables que devant moi. C'est moi seul que l'histoire jugera. Je vous ai tenu jusqu'ici le langage d'un père, je vous tiens aujourd'hui le langage du chef. Suivez-moi. Gardez votre confiance en la France éternelle.»

Maréchal Pétain, message du 30 octobre 1940.

1. Présentez le Maréchal Pétain en une dizaine de lignes maximum.
2. A quelle rencontre Pétain fait-il allusion dans ce message ?
3. Quelle politique a été envisagée lors de cette rencontre ? Et comment Pétain justifie-t-il cette politique ?
4. Tous les Français sont-ils d'accord avec Pétain ?

II. Traitez un des trois sujets au choix :

- La C.E.E. : problèmes agricoles, industriels et énergétiques.
- Les États-Unis : commerce extérieur et place dans le monde.
- La population de l'U.R.S.S. : composition, répartition, évolution, problèmes.

III. Exercice de localisation :

△ Situez sur le fond de carte avec leur nom :

— un grand gisement de pétrole ▲ — deux grands ports maritimes ●➤
— un bassin houiller ■ — deux grandes villes industrielles ⊙

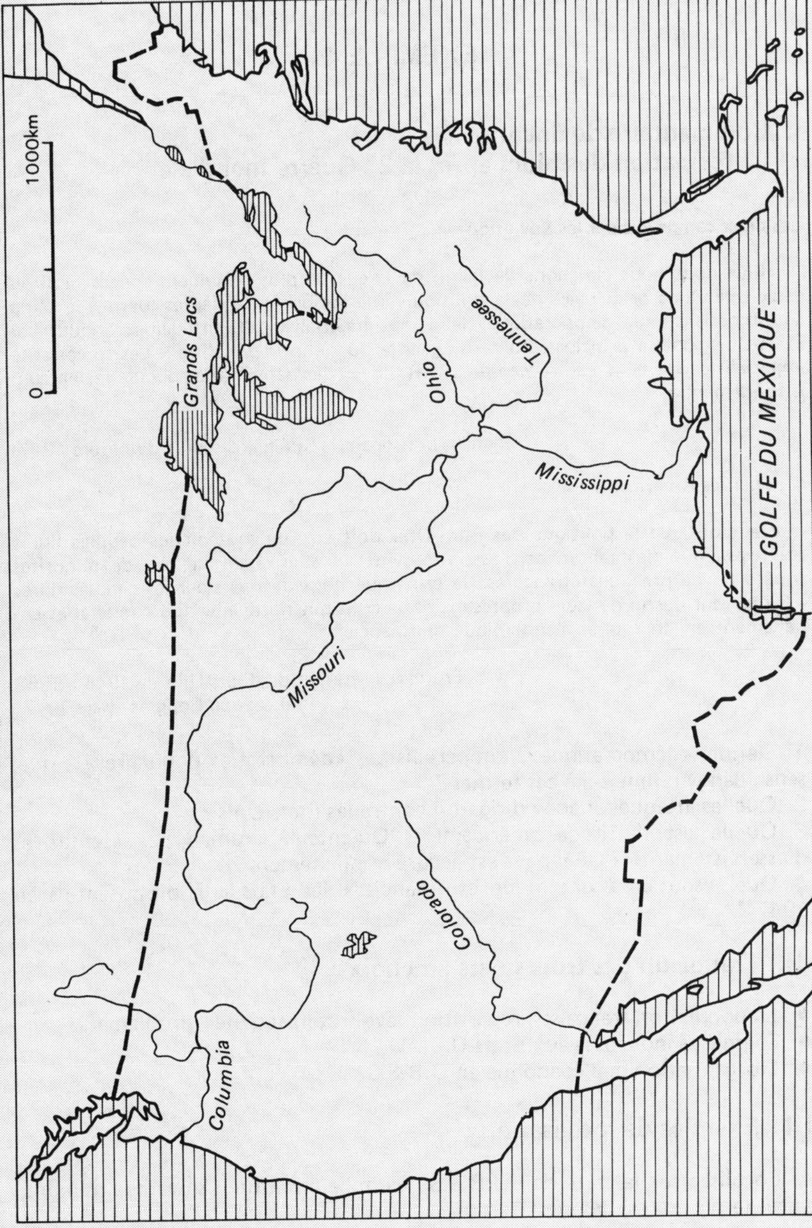
0
1000km
Grands Lacs
Tennessee
Ohio
Mississippi
Missouri
Colorado
Columbia
GOLFE DU MEXIQUE

EXEMPLE 4

I. Commentaire de document : la formation des blocs après la 2e Guerre mondiale

Les deux camps vus par les Soviétiques...

«Plus nous nous éloignons de la fin de la guerre, plus nettement apparaissent les deux directions principales de la politique internationale de l'après-guerre : le camp anti-impérialiste et démocratique, le camp impérialiste et anti-démocratique. Les États-Unis sont la principale force dirigeante du camp impérialiste... Les forces anti-impérialistes forment l'autre camp. L'U.R.S.S. et les démocraties populaires en sont le fondement.»

Jdanov, bras droit de Staline (discours d'octobre 1947)

... et par les Américains

«Je crois que la politique des États-Unis doit être de soutenir les peuples libres qui résistent à des tentatives d'asservissement, qu'elles soient le fait de minorités armées ou de pressions étrangères. Je crois que nous devons aider les peuples libres à forger leur destin de leurs propres mains, je crois que notre aide doit consister essentiellement en un soutien économique et financier.»

Truman, président des États-Unis de 1945 à 1952
(message au Congrès, mars 1947)

1. Définir «démocratique», «impérialiste», «démocraties populaires» ; quel sens Jdanov donne-t-il à ces termes ?
2. Quelles attaques Jdanov dirige-t-il contre les États-Unis ?
3. Quelle est l'attitude américaine ? Qu'entend Truman par «tentatives d'asservissement» ? Quel pays est accusé implicitement ?
4. Quel «soutien économique et financier» les États-Unis proposent-ils en 1947 ?

II. Traitez un des trois sujets au choix :

- La population française : répartition, évolution, activités, problèmes.
- Énergie et industries aux États-Unis.
- L'organisation de l'économie en U.R.S.S.

III. Exercice de localisation :

△ Localisez sur la carte de l'U.R.S.S. les milieux naturels suivants : toundra, taïga, terres noires, désert.

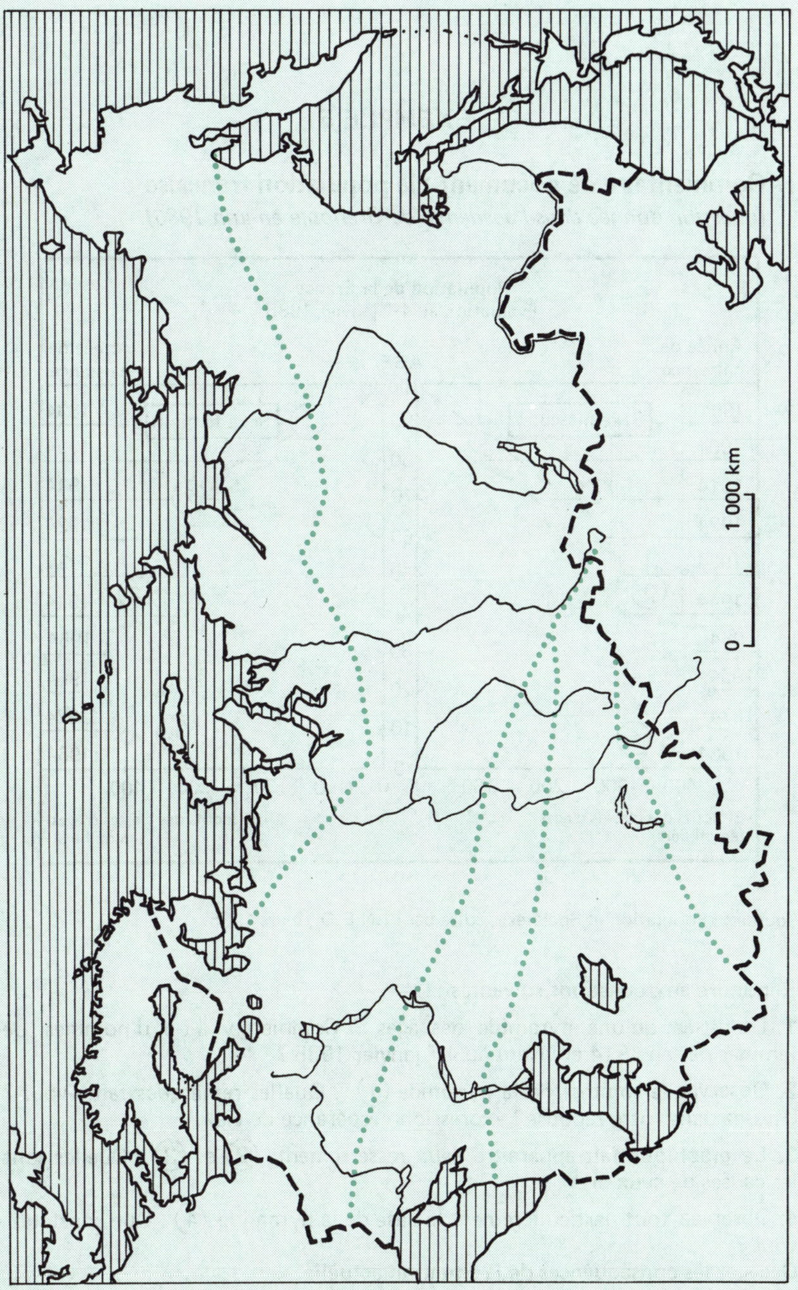
0
1 000 km

EXEMPLE 5

I. Commentaire de document : la population française

(question donnée dans l'académie de Grenoble en juin 1986).

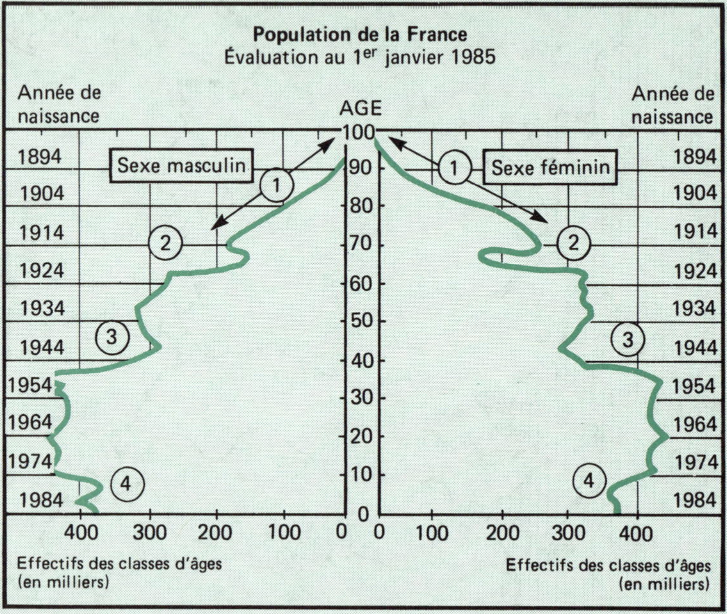

Source : «Population et Sociétés», édité par l'I.N.E.D., mars 1985.

Répondre aux questions suivantes :

1. Qu'est-ce qu'une pyramide des âges ? Combien y a-t-il d'hommes, de femmes nés en 1914 et vivant au 1er janvier 1985 ?

2. Observez le sommet de la pyramide ① . Quelles remarques faites-vous ? Utilisez dans votre réponse l'expression «espérance de vie».

3. Le graphique fait apparaître deux resserrements ② et ③ . Quelles sont les causes de ceux-ci ?

4. Observez tout particulièrement la base de la pyramide ④ . Que constatez-vous ?
Dégagez les conséquences de la situation actuelle.

II. Traitez un des trois sujets suivants :

- Grandes phases de la 1re Guerre mondiale.
- La crise de 1929 et ses conséquences aux États-Unis et en Europe.
- La Résistance française, intérieure et extérieure (1940-1944).

III. Exercice de repérage chronologique :

△ En quelle année les événements suivants ont-ils eu lieu ?

- révolution d'Octobre ;
- prise du pouvoir en Allemagne par Hitler ;
- mort du président américain J.-F. Kennedy ;
- débarquement allié en Normandie.

EXEMPLE 6

I. Commentaire de documents : aspects de l'agriculture américaine

Document n° 1 : Les régions agricoles aux États-Unis

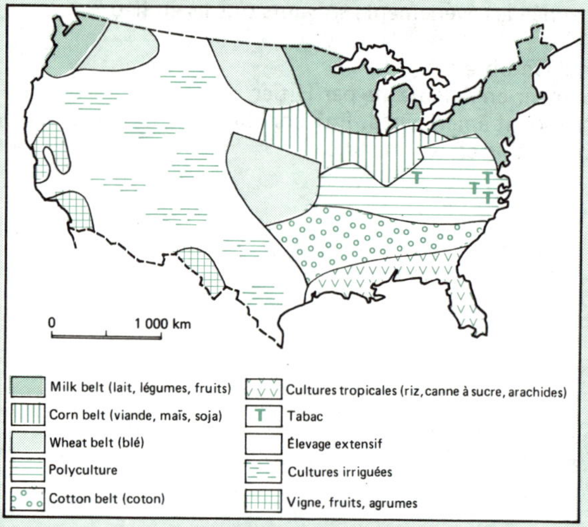

Document n° 2 : les principales productions agricoles aux Etats-Unis

	En millions de tonnes	% mondial	Rang mondial
Blé (en millions de tonnes) . . .	70,6	13,6 %	3e
Maïs (en millions de tonnes) . .	194,3	43,4 %	1er
Orge (en millions de tonnes) . .	12,9	7,6 %	2e
Betterave à sucre (en millions de tonnes)	20,1	7,2 %	3e
Soja (en millions de tonnes). . .	51,5	57 %	1er
Arachides (en millions de tonnes)	1,9	10 %	3e
Agrumes (en millions de tonnes)	9,7	17,7 %	2e
Coton (en millions de tonnes) .	2,9	17 %	2e
Vin (en millions d'hl)	16,2	5 %	6e
Bovins (en millions de têtes) . .	114,0	9 %	4e
Porcins (en millions de têtes) . .	55,8	7 %	3e

1. Quelles productions agricoles trouve-t-on dans le Corn belt ? En Californie ? Près des Grands Lacs ? Dans le Sud ? Dans les Montagnes Rocheuses ?

2. Expliquez la répartition des régions agricoles en fonction des données du climat et du relief.
3. A partir du tableau n° 2, indiquez la production agricole la plus importante en tonnage, la plus importante par rapport à la production mondiale. Quelles sont les productions les mieux placées ?
4. Que peut-on en conclure sur la puissance agricole des États-Unis ?

II. Traitez un des trois sujets au choix :

- La dictature nazie en Allemagne : ses origines, ses manifestations (jusqu'en 1939).
- Les grandes phases de la 2e Guerre mondiale.
- La guerre froide (1945-1962).

III. Exercice de repérage chronologique :

△ Précisez les dates des événements suivants (l'année suffit) :

- «marche sur Rome» de Mussolini ;
- attentat de Sarajevo ;
- 1er homme sur la Lune ;
- début de la Ve République.

EXEMPLE 7

I. Commentaire de documents : aspects de l'industrie soviétique

Document n° 1 : tableau des sources d'énergie

Sources d'énergie	Production 1984	% mondial	Rang mondial
Houille (millions de tonnes).	485	17,1 %	3e
Électricité (milliards de kWh)	1 500	16,7 %	2e
Pétrole (millions de tonnes).	613	21,9 %	1er
Gaz naturel (milliards de m3)	587	35,2 %	1er

Document n° 2 : carte des régions industrielles

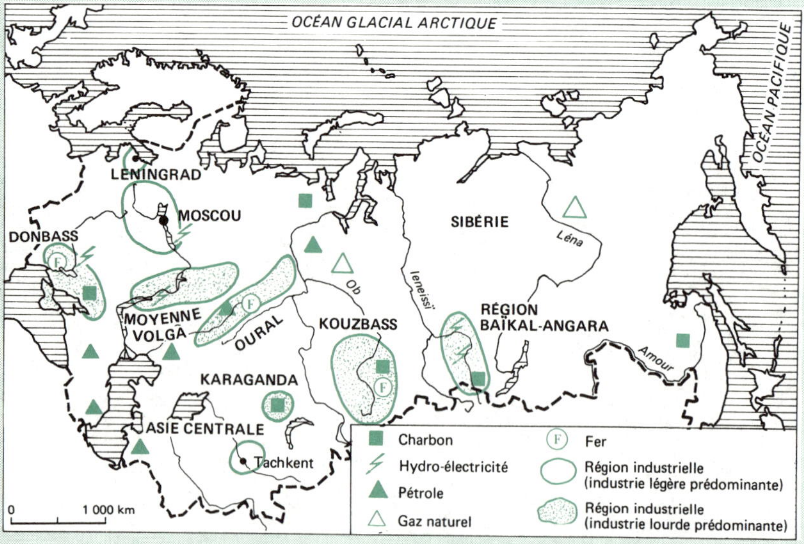

1. A partir du tableau n° 1, indiquez les principales sources d'énergie en U.R.S.S.
2. Quelle est leur importance dans le monde ? Que peut-on en conclure ?
3. Quels facteurs peuvent expliquer la localisation des régions industrielles (carte n° 2) ?
4. Quels problèmes pose la répartition des régions industrielles sur l'ensemble du territoire soviétique ?

II. Traitez un des trois sujets au choix :

- L'année 1917.
- Le Front populaire : origines, principales réalisations.
- Les mouvements de décolonisation après 1945 : leurs causes, les grands épisodes de leur déroulement, leurs conséquences.

III. Exercice de repérage chronologique :

△ Précisez les dates des événements suivants (l'année suffit) :

- La bataille de Verdun.
- Le «Jeudi Noir» à la Bourse de New York.
- La bombe atomique sur Hiroshima.
- Le premier satellite artificiel lancé dans l'espace.

EXEMPLE 8

I. Commentaire de documents : l'énergie en France

Document n° 1 Carte de l'énergie en France

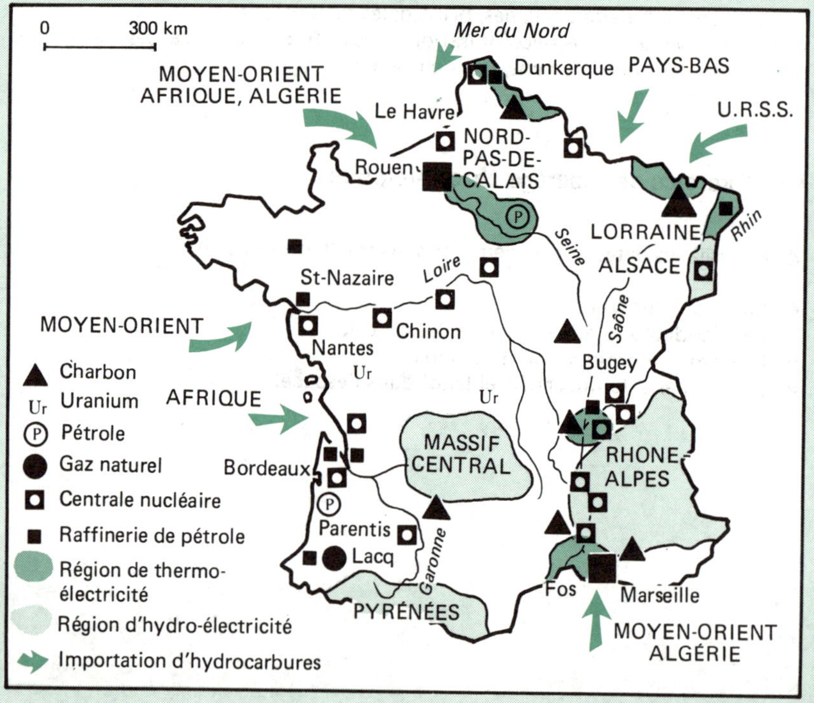

1. Expliquez la localisation des zones de production d'électricité sur la carte n° 1.
2. Quelles sources d'énergie manquent ? Quelles solutions sont adoptées ?
3. Expliquez l'évolution de la consommation d'énergie à partir des graphiques (document n° 2).
4. Quelles ont été les conséquences des chocs pétroliers ?

Document n° 2
Évolution de la consommation française d'énergie (pour 1990, prévisions)

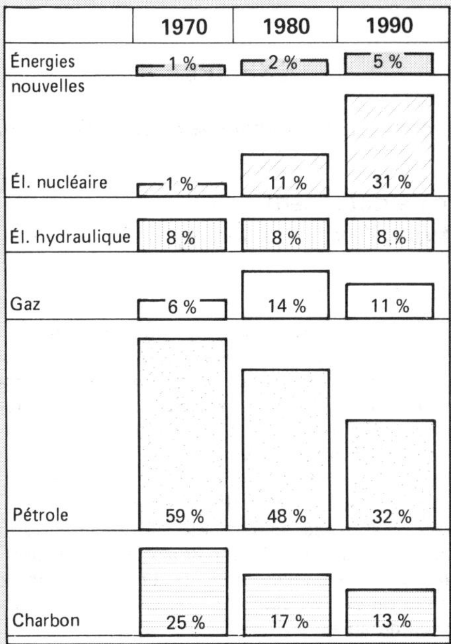

II. Traitez un des trois sujets au choix :

- L'Europe en 1920 : situation politique, économique, sociale.
- Le fascisme en Italie : sa naissance, sa prise du pouvoir, ses réalisations, son bilan.
- La France sous la IVe République : évolution politique, situation de l'économie, problèmes coloniaux (on ne traitera pas la politique extérieure).

III. Exercice de repérage chronologique :

△ Indiquez l'emplacement sur la ligne du temps des grands événements suivants (avec leur année) :

- Le début de la crise pétrolière (quadruplement du prix du pétrole par l'O.P.E.P.) ;
- L'attaque de l'U.R.S.S. par Hitler dans la 2e Guerre mondiale ;
- Le traité de Versailles ;
- La mort de Joseph Staline.

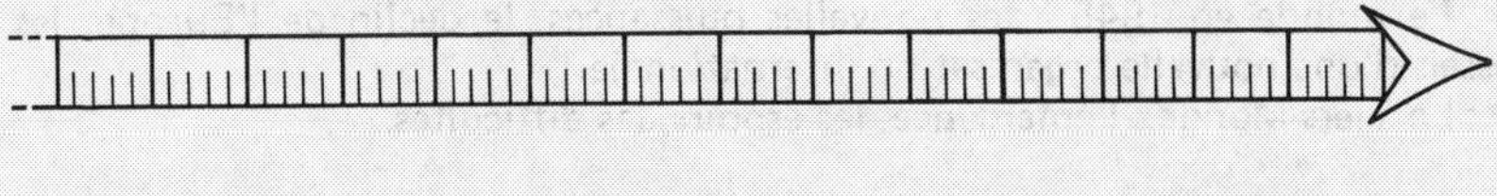

EXEMPLE 9

(sujet donné dans l'académie de Montpellier en juin 1986)

I. Commentaire de document : un nouveau type d'exploitation agricole

Monsieur B., agriculteur dans l'Aisne :

«On a deux grosses périodes de gros travail qu'il ne faut pas manquer. En juillet-août, c'est les céréales, en octobre-novembre, les betteraves. Leur culture est compliquée. L'arrachage est fait par deux ouvriers permanents. L'un conduit le tracteur de l'effeuilleuse, l'autre l'arracheuse. Pour ramasser quelques betteraves qui pourraient traîner, un ouvrier marocain suit l'arracheuse... Il y a 15 ou 20 ans, le même travail de l'arrachage des betteraves nécessitait une vingtaine de personnes.

Des bâtiments ? Il y en a même de trop. Ça m'a coûté assez cher. Ce hangar qui abrite des moissonneuses-batteuses, avant, abritait des chariots... Le plus gros problème, c'est l'endettement permanent et forcé pour acheter du matériel, des terres... Bien que je n'aime pas beaucoup ça, je suis obligé de passer quelques heures au bureau pour me tenir au courant de la vie agricole... me renseigner sur les nouvelles lois agricoles, sociales, juridiques et même faire un peu de comptabilité. ça devient tellement complexe que je fais appel à un expert comptable.

Il y a quelque temps, les parcelles de la ferme étaient disséminées sur tout le terroir. Maintenant, depuis le remembrement, elles se trouvent regroupées non loin des bâtiments. Ces parcelles totalisent 145 ha, ce qui permet de faire de très grandes pièces : de 1,300 km de long par exemple.»

La grande culture en Laonnais (CNDP Amiens)

1. Décrivez l'exploitation de Monsieur B. : superficie, main-d'œuvre, bâtiments, matériels... *(5 points)*
2. Relevez dans le texte ce qui montre un changement de mentalité du paysan d'autrefois à l'agriculteur d'aujourd'hui. *(4 points)*
3. Avantages et problèmes rencontrés dans ce type d'exploitation. *(4 points)*
Développez et expliquez en particulier les termes suivants : *(5 points)*

— remembrement
— endettement
— comptabilité
— suréquipement
— nouvelles lois sociales, agricoles et juridiques

II. Traitez au choix l'un des trois sujets suivants :

- Hitler et l'Allemagne nazie : les idées, la prise du pouvoir, la dictature jusqu'en 1939.
- Le monde en 1945 : les nouvelles puissances, le déclin de l'Europe, les essais d'une nouvelle organisation internationale.
- Le Tiers-Monde : l'émergence, les espoirs, les difficultés.

III. Repérage dans le temps

Reportez avec précision sur la ligne du temps jointe en annexe(1), les événements suivants :

- la bataille de la Marne ;
- la N.E.P. : début et fin ;
- les débuts de la grande crise économique mondiale de l'entre-deux guerres ;
- le début de la guerre d'Espagne ;
- Munich ;
- Stalingrad ;
- l'indépendance de l'Inde ;
- l'indépendance de l'Algérie.

(1) Feuille de papier millimétré non reproduite ici.

EXEMPLE 10

(donné dans l'académie de Strasbourg en juin 1986)

I. Commentaire de documents : histoire économique de la France

Document n° 1 - Extraits de l'interview de Jean Fourastié par «Histoire Magazine» en 1980.

H.M. — : Monsieur Fourastié, vous vous êtes intéressé dans votre ouvrage *Les Trente Glorieuses,* à l'évolution économique des trente dernières années. Pourquoi les qualifiez-vous de glorieuses ?

Jean Fourastié — : Tout d'abord ce fut, du point de vue économique, une période extrêmement brillante... une révolution qui a profondément changé le pays...

Non seulement la production est plus importante, mais elle est de surcroît obtenue avec moins d'heures de travail. Auparavant on obtenait une production faible avec un grand nombre de travailleurs. Pourquoi ? Parce que les techniques de production étaient alors moins efficaces qu'elles ne le sont aujourd'hui...

Les rendements à l'hectare ont prodigieusement augmenté. Pour le blé, ils sont passés de douze quintaux à l'hectare à trente quintaux à l'hectare : pour le vin de vingt-cinq hectolitres à cent hectolitres ! A l'inverse, le nombre de travailleurs agricoles pour cent hectares est passé de vingt-huit à huit. Cela signifie que huit personnes seulement obtiennent une production nettement supérieure à celle des vingt-huit personnes de 1946.

L'efficacité du travail fut le moteur essentiel de la croissance. A côté de cela, notre économie a bénéficié dans l'après-guerre d'une série de facteurs favorables sans lesquels l'évolution économique aurait été sinon nulle du moins beaucoup moins brillante, moins glorieuse...

H.M.— : Les trente années glorieuses sont-elles terminées ou bien sommes-nous en route vers les cinquante, voire les cent glorieuses ?

Jean Fourastié — : Elles sont terminées, sans aucun doute. Le type de croissance que nous connaissons donc depuis cinq ou six ans n'est plus celui des trente glorieuses.

Ce qui ralentit la croissance, ce sont les autres facteurs qui sont désormais bien moins favorables que par le passé. Il y a la nécessité de payer l'énergie beaucoup plus cher, la désorganisation complète du commerce mondial, de la monnaie, les troubles politiques survenus dans les pays dont le poids économique est considérable. C'est tout un ensemble qui fait que notre croissance est de l'ordre de 2 pour cent à 3 pour cent au lieu des 5 à 6 pour cent antérieurs.

Document n° 2 - L'évolution de la production industrielle en France depuis 1929.

Source : Annuaire statistique de la France 1981.

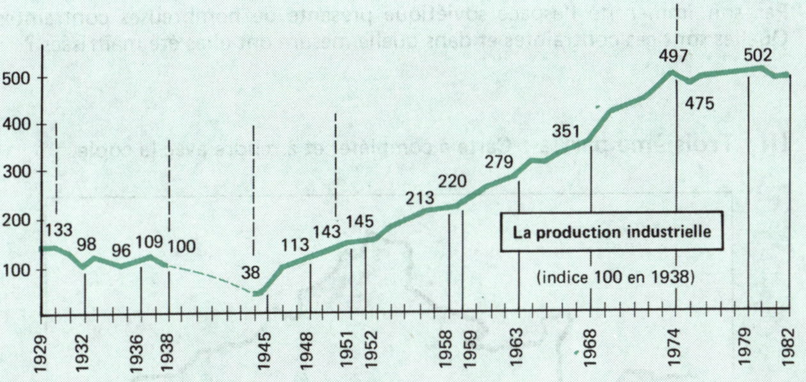

Questions

1. Quelles sont les grandes phases de la croissance industrielle de 1929 à 1982 (d'après le document n° 2) ? *(2 points)*

2. Qu'est-ce-que Fourastié appelle les Trente Glorieuses ? Justifiez cette expression en vous rapportant à l'évolution de la production industrielle. *(3 points)*

3. Donnez quelques exemples montrant l'élévation du niveau de vie au cours de cette période. *(3 points)*

4. Quelle fut d'après Fourastié la principale cause de cette croissance ? Donnez quelques exemples pris dans l'agriculture ou dans l'industrie (d'après le texte et d'après vos connaissances). *(3 points)*

5. Citez les autres facteurs ayant favorisé la croissance dans l'après-guerre. *(3 points)*

6. A quelle date cette période s'achève-t-elle ? Pourquoi ? Avec quelles conséquences ? *(4 points)*

II. Le candidat traitera l'un des trois sujets suivants au choix :

Sujet n° 1

La population des États-Unis.
Son importance, sa répartition (dans l'espace, entre villes et campagnes), son évolution actuelle.

Sujet nº 2

La Communauté Économique Européenne (CEE).
Sa composition, sa diversité, ses réalisations sur la voie de l'unité.

Sujet nº 3

Par son immensité l'espace soviétique présente de nombreuses contraintes. Quelles sont ces contraintes et dans quelle mesure ont-elles été maîtrisées ?

III. Troisième partie : Carte à compléter et à rendre avec la copie.

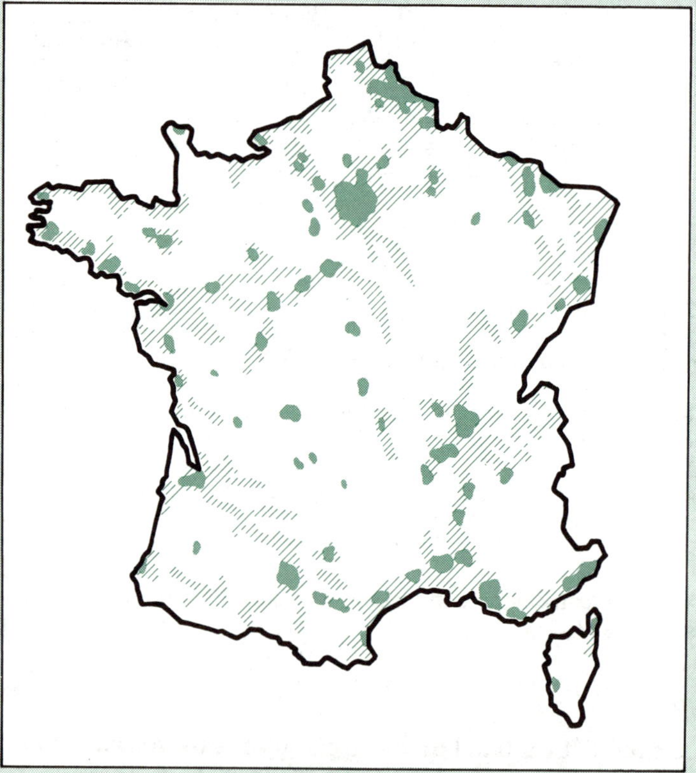

1. Proposez une légende *a)* pour
b) pour

2. Placez les villes suivantes : Dijon - Toulouse - Marseille - Nantes - Rennes - Lyon.

Lexique

A

Aide au développement : mesures diverses en faveur des pays du Tiers-Monde sous forme publique (prêts gouvernementaux, assistance technique) ou privée (investissements, crédits commerciaux...).

Antisémite : hostile aux Juifs.

Apartheid : politique de développement séparé des races au sein d'un même pays.

Autarcie : politique économique fondée sur l'autosuffisance, en limitant le plus possible les échanges avec les autres pays.

Autodétermination : choix par une population du destin qu'elle veut adopter (indépendance, par exemple).

B

Benelux : union douanière entre Belgique, Pays-Bas (Nederland) et Luxembourg, fonctionnant depuis 1948.

Bolcheviks : (en russe «majoritaires», à la suite d'une scission au sein du parti communiste en 1903) ; partisans des conceptions de Lénine.

C

Capitalisme : système fondé sur la libre concurrence, la propriété privée et la recherche du profit, considérée comme le moteur de l'économie.

Carbochimie : chimie dérivée du charbon.

C.E.C.A. (Communauté européenne du charbon et de l'acier) : instituée en 1951 ; elle réunit la France, la R.F.A., l'Italie et le Benelux afin de créer un marché unique pour le charbon, le minerai de fer, la fonte et l'acier.

C.E.E. (Communauté économique européenne, ou Marché commun) : fondée en 1957 (traité de Rome) entre la France, la R.F.A., l'Italie et le Benelux puis progressivement élargie à d'autres partenaires.

Chocs pétroliers : crises dans l'économie mondiale dues à l'augmentation brutale du prix du pétrole (1973 et 1979).

Combinat : association d'entreprises en U.R.S.S. qui fournissent des produits complémentaires (exemple : charbon - mines de fer - hauts fourneaux - aciéries).

Comecon (ou C.A.E.M. : Conseil d'assistance économique mutuelle) : créé en 1949 et regroupant autour de l'U.R.S.S. les pays de l'Est, Cuba et le Vietnam.

Convertible : se dit d'une monnaie échangeable contre de l'or.

D

Démocraties populaires : pays de l'Europe de l'Est organisés après 1947 selon une économie socialiste, et sous la direction du parti communiste.

Déstabilisation : rupture d'équilibre dans la vie politique et économique.

Développement : politique tendant à assurer le bien-être des individus et des sociétés.

Devises : monnaies étrangères (exemple : dollar, mark, livre sterling).

E

Écologistes : personnes cherchant à protéger la nature contre la pollution et les dangers de toutes sortes.

F

F.M.I. (Fonds Monétaire International) : organisme créé en 1944 et siégeant à Washington, en vue de sauvegarder l'ordre monétaire mondial par l'octroi de crédits à des pays en difficulté.

Food Power («arme verte») : moyen de pression constitué par la fourniture de denrées alimentaires à un pays dans le besoin.

G

Gazoduc : conduite de transport de produits gazeux (exemple : gaz naturel).

Génocide : extermination systématique de tout un peuple.

H

Hydrocarbures : sources d'énergie composées de carbone et d'hydrogène (pétrole, gaz naturel...).

I

Idéologie : doctrine politique et sociale propre à des groupes donnés, à une époque donnée, et constituée d'un ensemble de croyances, d'idées, d'attitudes...

Impérialisme : action dominatrice d'un pays sur d'autres pays (peut être militaire, économique, culturel).

Industrie de pointe : industrie faisant appel à une technologie avancée (électronique, robotique, informatique...).

Inflation : phénomène de hausse des prix, dû à un déséquilibre entre l'offre et la demande.

K

Kolkhoze : exploitation agricole collective en U.R.S.S.

L

Libéralisme : en politique, système reposant sur le respect des droits de l'homme et des libertés individuelles ; en économie, système laissant aux individus une totale liberté d'entreprendre et refusant l'intervention de l'État dans la vie économique.

M

Media : nom donné aux moyens d'information tels que la presse, la radio, la télévision, le livre, la publicité, etc.

Megalopolis («la grande ville») : nom attribué aux États-Unis à l'agglomération urbaine continue qui va de Boston à Washington, en passant par New York, Philadelphie et Baltimore.

N

Nationalisation : transfert à la collectivité de moyens de production et d'échanges, ou d'entreprises privées.

Nationalisme : attachement profond et passionné à sa propre nation.

Non-alignement : doctrine qui refuse l'alignement sur un des deux blocs, américain ou soviétique, et adopte une attitude neutraliste.

Nucléaire : énergie provenant de la désintégration de l'atome d'uranium.

O

O.C.D.E. (Organisation de coopération et de développement économique) : créée en 1961, elle vise à coordonner les politiques économiques des 21 pays industrialisés qui en sont membres.

Oléoduc : conduite de transport d'hydrocarbures liquides (pétrole brut ou raffiné).

O.P.E.P. (Organisation des pays exportateurs de pétrole) : fondée en 1960, elle regroupe actuellement 13 pays producteurs essentiellement arabes.

O.T.A.N. (Organisation du traité de l'Atlantique Nord) : alliance militaire conclue en 1949 entre douze pays sous l'égide des États-Unis ; aujourd'hui elle compte quatorze pays ; la France a quitté le commandement militaire intégré de l'O.T.A.N. en 1966.

O.T.A.S.E. (Organisation du traité de l'Asie du Sud-Est) : alliance militaire fondée en 1954 à l'initiative des États-Unis ; elle regroupait l'Australie, la Nouvelle-Zélande, le Pakistan, la Thaïlande, les Philippines et le Royaume-Uni ; ne fonctionne plus depuis 1976.

P

Pays-Ateliers : nom donné à certains pays d'Extrême-Orient, tels que Singapour, Hong-Kong, Taïwan, la Corée du Sud, qui ont récemment développé considérablement leur industrie manufacturière, grâce à une main-d'œuvre experte et bon marché.

Pétrochimie : chimie dérivée des produits pétroliers (on dit aussi pétroléochimie).

Primaire (secteur) : activités liées à l'exploitation des produits du sol, du sous-sol et de la mer (agriculture, élevage, pêche, forêt, mines).

Productivité : rapport entre la production obtenue et le travail fourni ; elle dépend de l'organisation du travail, de la qualification du personnel et des moyens techniques.

P.N.B. (Produit national brut) : valeur globale des biens et des services produits en un an par les personnes d'une même nationalité.

Protectionnistes (mesures) : mesures douanières prises pour protéger la production intérieure d'un pays contre la concurrence étrangère.

R

Référendum : consultation directe des citoyens sur une question d'intérêt général.

Restructuration : modification des structures d'une entreprise dans le but d'accroître la productivité et la rentabilité.

Rideau de fer : expression due à Winston Churchill en 1946 pour désigner la séparation brutale entre l'Europe de l'Ouest et le bloc de l'Est sous domination soviétique.

S

Secondaire (secteur) : activités liées à la transformation des produits (industrie).

Ségrégation : politique tendant à isoler les représentants d'une nation en fonction de la couleur de leur peau, ou de tout autre critère.

Sidérurgie : fabrication de la fonte et de l'acier.

Socialisme : système économique reposant sur la propriété collective des moyens de production (terre, usines) et d'échanges (banques, magasins, transports).

Sovkhoze : ferme d'État en U.R.S.S.

T

Tertiaire (secteur) : activités liées aux échanges et aux services (transports, administrations, commerce, etc.).

Tiers-Monde : ensemble des pays en voie de développement ; expression inventée par A. Sauvy par analogie avec le Tiers-État, les deux premiers «mondes» étant les pays capitalistes riches et les pays socialistes.

T.J.B. (tonneau de jauge brute) : unité de capacité d'un navire correspondant à 2,83 m^3.

Totalitaire : régime dans lequel l'État représente tout ; il s'appuie sur un seul parti politique (dictature).

Trust : en U.R.S.S. groupe d'entreprises d'État soumis à une même direction. Ne pas confondre avec les trusts américains, qui désignent des sociétés intégrées tendant à une situation de monopole du marché.

V

Varsovie (pacte de) : alliance militaire signée en 1955 entre les pays de l'Est et l'U.R.S.S.

Les photographies contenues dans cet ouvrage sont dues à :

Agence France-Presse (AFP) : pages 21 milieu, 21 droite, 27 gauche.

AGIP : page 31.

La Documentation Française : pages 21 gauche (UNESCO), 25 (M.S.I.S.), 29 (Archives D.F.).

Agence Keystone : page 51.

Roger-Viollet : pages 17, 27 milieu (photo Harlingue-Viollet), 27 droite (Viollet) et 59 (Viollet).

Imprimerie Offset-Aubin à Poitiers
Dépôt légal n° 5000 — août 1986 — Imprimeur n° P 14259
Imprimé en france